Biscoito
ou BOLACHA?

Lu Bonometti

Biscoito ou BOLACHA?

Pequenas delícias em 50 receitas e dicas

Sumário

Como cheguei até aqui   7
A história dos biscoitos   14
Biscoito ou bolacha?   16
Tipos de biscoitos   18
Ingredientes   22
Utensílios   30
Embalando para presente   34

BISCOITOS CLÁSSICOS   39
MEUS BISCOITOS   91
BISCOITOS PARA FAZER EM FAMÍLIA   113
SOBREMESAS COM BISCOITOS   131
BISCOITOS SALGADOS   143

Agradecimentos   152
Índice   155

Como cheguei
ATÉ AQUI

Era uma vez uma menininha que antes dos 2 anos de idade já amava queijo gorgonzola, falava pelos cotovelos e adorava ensinar às pessoas uma receita de arroz amarelinho. Essa era eu.

Sou de origem italiana, um povo conhecido mundialmente por sua paixão pela comida. E a minha família não é diferente.

A família do meu Nonno Angelo, pai da minha mãe, possuía o Molino Bonometti, um moinho de farinha em Desenzano del Garda, cidade linda do norte da Itália, onde ele nasceu e cresceu. O moinho não resistiu à Segunda Guerra Mundial e, por esse motivo, meu nonno deixou seu país de origem e, depois de uma temporada em Buenos Aires, na Argentina, veio parar no Brasil, onde seguiu trabalhando com farinha de trigo até o fim de sua vida. Ou seja, a farinha corre no meu sangue.

Por não ter família nenhuma por aqui (além dos filhos e netos, é claro), meu nonno voltava todos os anos para a Itália. Dessas viagens, trazia malas recheadas de verdadeiros tesouros gastronômicos. Eram chocolates, queijos, frios... Ele chegou a trazer um pernil de presunto cru na mala! Quitutes maravilhosos que, em uma época de importações restritas, simplesmente não existiam no Brasil. Acredito que a última viagem tenha acontecido em 1994, um ano antes de ele nos deixar. Mesmo com apenas 5 anos de idade naquela época, não me esqueço desses momentos de alegria em torno da mesa cada vez que ele voltava. Acho que esse meu intenso vínculo afetivo com a comida começou a se formar ali.

Já pelo meu lado paterno, minha avó Magda era uma cozinheira de mão-cheia. Quando eu era bem pequena, nós nos reuníamos na casa dela para um lanche aos domingos à noite e, mesmo que tivéssemos a sala de estar à disposição, a família insistia em pôr a conversa em dia na cozinha. Foi exatamente assim que comecei a colocar, literalmente, a mão na massa: enquanto o pessoal conversava, eu ficava sentadinha na pia ajudando a vovó a modelar bolinhas de pão de queijo.

Fui crescendo, aprendi a ler e com isso me tornei capaz de entender livros de receita. Assim, comecei minha carreira solo na cozinha e, para tudo que eu não fosse capaz ou que não fosse seguro, tinha a ajuda carinhosa da minha mãe e da Nalva, que trabalhava em casa desde que eu era bem pequena.

Naquela época, cozinhar era apenas mais uma brincadeira, com a vantagem de que, quando terminava, tinha algo gostoso para comer. E a diversão não era só cozinhar: eu arrastava a Carol, minha irmã um ano e oito meses mais nova, para a cozinha e ficava apresentando a ela e aos meus telespectadores imaginários todo o passo a passo da receita que estava preparando. Uma pena que ainda estávamos em um tempo em que não existiam câmeras digitais nem YouTube, pois possivelmente me tornaria viral ensinando receitas que, como eu mesma falava, eram "tão fáceis que até as crianças poderiam ajudar!".

Os anos se passaram, e o *Manual de receitas da Magali* deu lugar ao *Sobremesas e suas técnicas*, da Le Cordon Bleu, à medida que eu ia me arriscando em receitas cada vez mais complexas.

Tinha chegado a hora de decidir um futuro profissional. Não faz tanto tempo, mas precisamos admitir que a gastronomia no Brasil mudou muito e rapidamente nos últimos anos. Cogitei uma carreira relacionada à confeitaria, mas não via como isso seria possível naquele cenário. Desencanei. Deixei a cozinha como passatempo e entrei no curso de economia da Universidade de São Paulo. Ah, é! Sempre fui um pouco *nerd*...

Eu estava em meu primeiro estágio quando algo banal mudou minha vida. Uma receita de cookie de chocolate da Martha Stewart chegou a minhas mãos e eu a preparei para levar para meus colegas de escritório em uma sexta-feira. Como pode um fato aleatório desses mudar todo o curso da vida de uma pessoa? Mas foi bem assim que aconteceu: vi a tal receita, decidi preparar, levei ao escritório e as pessoas surtaram. Eu me empolguei, continuei fazendo esses biscoitos sempre que dava e, desde então, virei fanática por receitas de biscoito.

Não demorei a perceber que assar biscoitos e ver a reação das pessoas ao comê-los me dava muito mais alegria do que cursar a faculdade. Decidi, então, que me formaria economista, afinal faltava pouco tempo, mas seguiria outro caminho na vida: o dos biscoitos.

O apoio da minha família foi fundamental nessa etapa. Meus pais, minha irmã e o Evandro (que anos mais tarde se tornaria meu marido, mas com quem eu namorava fazia poucos meses) compraram completamente meu sonho e embarcaram comigo naquela ideia.

Como não tinha formação na área, resolvi que precisava estudar um pouco de confeitaria antes de torná-la minha profissão. Infelizmente, não achei no Brasil opções interessantes voltadas para o que eu queria, então arrumei minhas malas e fui para Buenos Aires, mais especificamente para o Instituto Mausi Sebess, para fazer o curso básico. Na Argentina, confeitaria é chamada de *pastelería*. Portanto, meu diploma é de *pastelera*, o que sempre achei engraçado.

Para dar continuidade aos meus estudos, decidi fazer uma especialização na Europa. Achei na Itália uma escola chamada Cast Alimenti, que oferecia um curso perfeito para mim. Era em Brescia, vizinha à cidade natal de meu nonno, em uma região onde ainda tenho muitos familiares. Como nunca tinha ouvido falar da escola, fiquei insegura. Uma prima italiana sugeriu que eu consultasse o proprietário de uma renomada confeitaria da mesma cidade, o qual já havia ganhado várias vezes o prêmio de melhor confeiteiro da Itália. Resolvi pesquisar o tal Iginio Massari. Descobri, nos primeiros dez minutos de consulta à internet, que aquele senhor não só era um dos fundadores da tal escola como também ministrava aulas por lá. Era a confirmação de que eu precisava.

Sempre que paro para pensar, acho engraçado minha vida ter me levado para Buenos Aires e para Brescia, cidades tão importantes para meu avô materno, pessoa que amo com todo o meu coração, mas com quem só tive o privilégio de conviver até meus 6 anos. A farinha, Brescia, Buenos Aires... vínculos tão fortes, apesar de termos convivido tão pouco.

Um dos temas centrais desse meu curso na Itália era biscoitos. De lá vieram técnicas e algumas receitas que estão neste livro e que me acompanham, tendo grande importância no sucesso da minha loja. Mas, além de adquirir conhecimento prático e técnico (e alguns quilos na balança), deixei gravada na minha memória uma excursão que fizemos a um moinho da região. Um moinho cuja data de fundação coincidia com a daquele da minha família e que ficava em uma região próxima. Um moinho gerido por uma família apaixonada por farinha, como a minha. Foi como visitar um universo paralelo. E se o nosso moinho tivesse sobrevivido à guerra? Nunca vou me esquecer daquele passeio.

De volta ao Brasil, minha confeitaria começava a se desenhar cada vez mais em minha mente. Já pensava em focar a linha nos biscoitos, já tinha uma ideia das receitas, mas me sentia muito despreparada para tocar uma cozinha, precisava de experiência.

Surgiu, então, a possibilidade de estagiar por uns tempos na confeitaria de um bufê. Esse trabalho foi importantíssimo para me dar o expediente de produção em escala. A tarefa do meu primeiro dia de trabalho foi quebrar cem ovos, separando clara de gema. Foi então que percebi definitivamente que trabalhar com cozinha está longe de ser algo glamoroso e nem sempre é divertido, mas que, se esse for mesmo seu caminho, é apaixonante. Algum tempo depois, houve um dia em que minha única atividade foi untar mil fôrmas de bolo. Voltei para casa morta de cansaço, mas rindo da experiência.

Passado o período do estágio, comecei a aceitar encomendas de biscoitos, que preparava na cozinha de casa. Vivi um período valiosíssimo e recomendo isso a todos os que querem empreender um negócio do gênero. Essa fase foi ótima para testar a aceitação de produtos, aprender a lidar com clientes e até para pensar o que, exatamente, iria precisar na minha cozinha profissional em termos de divisão de espaço, equipamentos etc. Foi um laboratório muito, mas muito válido.

Antes de abrir minha loja, decidi realizar o desejo de estudar na França, país de referência para a confeitaria. Escolhi o curso Confiserie da École Lenôtre, no qual aprendi o preparo de balas, marshmallows e nougats (torrones), doces que sempre achei que combinariam muito com meus biscoitos. Com isso eu estava preparada (ou era o mais próximo que poderia estar disso), e chegava o momento de abrir a loja.

Após uma longa reforma (que para mim pareceu eterna), a casa estava pronta, os equipamentos haviam chegado, uma funcionária já tinha sido contratada, estava tudo certo. Havia decidido que o atendimento funcionaria em esquema de ateliê, com foco em encomendas e quase nada para pronta entrega. Até instalei uma máquina de café expresso, mas a ideia era servir apenas para os clientes que viessem para uma degustação ou que estivessem aguardando um pedido ficar pronto, não achei que teria muito movimento.

A data escolhida para inauguração foi 26 de setembro de 2012, uma quarta-feira. E lá estava eu, bastante nervosa, acompanhada de minha mãe (para me dar apoio moral), com as cortinas da loja fechadas e só uma placa na porta, na qual se lia "Bem-vindo! Toque a campainha". Logo entraram Fernanda e Helio, um casal de amigos queridos que me acompanha desde o início da trajetória. Foram os primeiros clientes perfeitos. Mas, em seguida, para minha surpresa, a campainha tocou de novo, e mais uma vez, e assim foi, seguidamente. Pessoas querendo conhecer o que tinha naquela casa que reformara por tanto tempo, querendo tomar café. Alguns desses clientes frequentam a loja até hoje. Só dei conta do recado porque minha mãe estava ali, ajudando a lavar louça e cobrando no caixa enquanto eu atendia e assava biscoitos de reposição. Logo percebi a necessidade de contratar outra funcionária, fazer ajustes no funcionamento, e então as coisas foram entrando nos eixos.

Pouco tempo depois, estava atendendo uma nova cliente quando, após pagar, ela se identificou como jornalista e disse que queria publicar uma matéria sobre a loja. Eu tremia tanto que não conseguia terminar de dar os comandos no computador para imprimir a nota fiscal. Era um sábado e a matéria sairia na sexta-feira seguinte. Lembro-me de a semana parecer eterna. Outras publicações se seguiram e, dia após dia, o sonho foi ficando mais e mais real.

Talvez, lendo minha história de forma tão resumida, fique um ar de faz de conta, e é lógico que a vida não é um conto de fadas. O trabalho é duro. Soma-se à intensidade física de trabalhar na cozinha a responsabilidade de tocar uma empresa, e isso às vezes pesa. Minha sorte nesses momentos é poder contar com apoio incondicional da minha família e do namorado que no meio do caminho virou marido. (Aliás, a conversa dele com meus pais antes de me pedir em casamento foi dentro da loja. Teria lugar mais perfeito?) Mas, nos instantes de cansaço extremo, existe um antídoto que cura tudo imediatamente: ver a expressão de alguém se iluminar quando prova um biscoito. Essa é a retribuição de que preciso para me encher de energia, força e amor pelo que faço. Então percebo que a verdadeira motivação do meu trabalho não é só fazer um produto de excelência, é também espalhar carinho e provocar sorrisos com cada biscoito e doce que sai da minha cozinha. E este livro é a continuação desse processo. Espero que você possa preparar muitas destas receitas e receber muitos sorrisos em troca.

A história
DOS BISCOITOS

A origem da maior parte das preparações básicas da gastronomia pode ser dividida em dois grandes grupos: as que surgiram para atender a uma necessidade e as que ocorreram por acidente.

O pão, por exemplo, dependeu de dois eventos do acaso. Primeiramente, alguém derrubou um mingau de cereais próximo ao fogo e aquele alimento foi assado. O resultado, mesmo fruto de um acidente, agradou e foi disseminado. Era, contudo, um pão muito distinto do que conhecemos hoje, pois não passava pelo processo de fermentação e, portanto, não tinha um miolo macio e cheio de bolinhas de ar, que caracteriza a maioria dos pães atuais.

Novamente, um golpe de sorte interferiu na história. Foi no Egito Antigo que um padeiro acabou se esquecendo de utilizar uma massa de pão ainda crua. Dias depois, quando a encontrou, decidiu assá-la, mesmo que ela aparentasse estar cheia de bolhas de ar, o que não era habitual. Estava criado o pão fermentado mais próximo do que consumimos atualmente.

Diferentemente do pão, os biscoitos tiveram sua origem na necessidade. Mais precisamente naquela dos militares e viajantes, que precisavam levar consigo alimentos com longa durabilidade, porém leves o suficiente para serem transportados com facilidade e com elevado aporte calórico.

Os primeiros registros históricos de biscoitos datam de 31 a.C., em um texto que descreve a partida de tropas romanas para a batalha de Áccio. Os soldados levavam entre seus mantimentos *panis bis coctus*, uma preparação que seria semelhante ao que hoje conhecemos por torradas: fatias de um tipo de pão, assadas novamente até que estivessem completamente sem umidade.

A origem da palavra biscoito, portanto, vem do latim *bis coctus*, ou seja, cozido, no caso assado, duas vezes. Hoje ainda temos biscoitos que têm essa característica. É o caso dos tradicionais cantucci da Toscana, na Itália, preparados primeiro na forma de um filão doce, que, depois de assado, é fatiado e retorna ao forno para secar completamente.

Por terem sido criados com foco na funcionalidade, acredita-se que os primeiros biscoitos não eram muito apetitosos. Mas, com o passar do tempo, eles foram sendo enriquecidos com novos ingredientes, como o mel, por exemplo, e assim ganharam seu espaço nas mesas da população, principalmente das camadas mais ricas, justamente por conter ingredientes nobres.

Sendo muito duros para serem comidos puros, os biscoitos eram por vezes banhados em algum líquido, para assim amolecerem e facilitar sua ingestão. Esse hábito segue presente até os dias atuais, seja no caso dos cantucci, que são usualmente banhados em Vin santo (vinho doce típico da Toscana), seja no caso dos norte-americanos, que mergulham seus cookies em leite, ou no dos ingleses, que embebem seus shortbreads (biscoitos amanteigados) em chá. Nos dois últimos casos, a imersão em líquido se dá apenas por costume e não por necessidade, pois não são tão secos como os primeiros.

A evolução dos biscoitos grosseiros da Antiguidade para os doces delicados que conhecemos hoje deve-se, em grande parte, à influência do Oriente Médio na cultura ocidental ao longo da Idade Média, mais especificamente à presença dos mouros na Península Ibérica e às Cruzadas.

Esse contato com o Oriente trouxe para o Ocidente ingredientes como as especiarias e algumas oleaginosas como, por exemplo, as amêndoas, fundamentais para alguns biscoitos como o macaron francês.

Mas o mais fundamental dos ingredientes vindos do Oriente à época é, sem sombra de dúvidas, o açúcar, que, com o passar do tempo, tornou-se mais abundante, superou o mel e se tornou um dos ingredientes básicos nas preparações.

Com todos os ingredientes-chave à disposição, as receitas de biscoito que conhecemos hoje começam a aparecer entre meados da Idade Média e o início do Renascimento. Muitas delas, criadas em conventos e mosteiros espalhados pela Europa, berço comum para tantos outros alimentos como cervejas e queijos.

No século XVIII surge a expressão "petit-four", que se refere a preparações pequenas e delicadas nas quais se destacam os biscoitos doces e salgados. A origem de tal nome, que em tradução livre seria "forno pequeno", tem sua explicação no fato de que essas receitas eram assadas com o calor residual que permanecia no forno depois de preparadas peças maiores como grandes pães e até carnes.

Já cookie, outra palavra muito usada para se referir a biscoito, tem sua origem no termo holandês "Koeptje", que significa "bolo pequeno". A história conta que, na época dos fornos a lenha, os padeiros colocavam uma bolinha de massa no forno para testar se a temperatura já estava adequada para assar suas preparações. O produto que saía deste teste era algo semelhante a um biscoito.

Até meados do século XIX, os biscoitos, petit-fours ou cookies, eram feitos em ambiente doméstico, principalmente em ocasiões especiais. Isso porque as cozinhas ainda eram carentes de equipamentos, com fornos desprovidos de controle de temperatura, por exemplo, o que exigia cuidado de sobra e longo tempo de preparo.

Com a evolução da cozinha doméstica, que facilitou a execução das receitas, e o desenvolvimento da indústria alimentícia, que passou a produzir este produto em larga escala, os biscoitos foram se tornando cada vez mais variados e populares, transformando-se em um dos alimentos mais disseminados ao redor do mundo.

Biscoito OU BOLACHA?

Vivemos em um país dividido. Não há consenso de qual palavra deve ser usada. No Rio de Janeiro e em grande parte de Minas Gerais fala-se biscoito, em São Paulo é bolacha, em partes do Nordeste biscoitos são os doces e bolachas, as salgadas. Uma confusão!

Eu sou paulista, mas acho a palavra bolacha meio esquisita, então desde cedo chamo de biscoito, mesmo que isso chegasse perto de ser motivo para *bullying* na escola.

Por causa da minha atividade profissional, que é fazer e vender biscoitos, muita gente brinca comigo na loja perguntando qual seria o certo. Sempre respondi que, como gosto mais da palavra biscoito, preferiria que chamassem os meus assim, até que resolvi pesquisar um pouco para poder dar uma resposta melhor. O que descobri foi muito interessante e vou dividir com vocês.

A origem da palavra "biscoito" é aquela que já mencionei anteriormente, do latim *bis coctus*. Já "bolacha" vem de bolo acrescido do sufixo diminutivo "acha". Esse sufixo pode parecer estranho, pois não o usamos muito, mas pense na palavra riacho, que é um rio pequeno, composta de "rio" acrescido de "acho". Faz sentido, não é? Ou seja, bolacha seria uma pequena porção de massa assada, um "bolinho". Vocês se lembram

da origem da palavra "cookie", que eu também contei na seção anterior? É exatamente a mesma história. Fiquei chocada com a descoberta e até comecei a gostar um pouco mais da palavra bolacha.

Ou seja, a briga de ingleses e norte-americanos quanto a usar "biscuit" ou "cookie" é exatamente a mesma discussão que temos aqui. Exatamente a mesma, sem tirar nem pôr. Achei demais!

Mas teria alguma versão que seria mais correta que a outra? A verdade é que não tem. Ambas estão corretas. Até na legislação brasileira os dois termos estão presentes.

Os partidários da palavra biscoito afirmam que esta é a correta, pois é a primeira de que se tem registro. É verdade. Os registros mais antigos da palavra biscoito são cerca de 200 anos mais antigos que os primeiros achados da palavra bolacha...

Já quem é pró-bolacha argumenta que atualmente a maioria das preparações não é assada em duas etapas, então a palavra bolacha se aplicaria melhor. E, pensando assim, também é verdade.

Ou seja, vou ficar em cima do muro, afinal sou formada em economia, e economistas gostam de ficar em cima do muro em discussões polêmicas.

Tipos
DE BISCOITOS

Pense rapidamente em alguns tipos de biscoitos que você conhece. Aposto que você pensou em biscoitos bem fininhos, outros mais altos, alguns bem crocantes, outros mais macios, uma infinidade de formatos, não é mesmo? O mundo dos biscoitos é muito amplo e, da mesma forma que existem vários tipos de produtos finais, os métodos de preparo também são distintos.

Com certeza, quando você pensou nos biscoitos que conhece, muitos dos que vieram à sua mente têm como ingredientes principais manteiga e farinha de trigo, certo? Mesmo assim, dentro dessa família de biscoitos, encontramos produtos com texturas bastante diferentes e isso não se deve apenas à proporção dos ingredientes, mas também ao método de preparo.

Existem duas técnicas de trabalho com manteiga, conhecidas por crémage e sablage, que explicam muitas das diferenças em textura que encontramos nos biscoitos (e também em massas de torta).

No **método crémage**, utilizamos a manteiga em temperatura ambiente, já com textura de pomada, e batemos com açúcar (e eventualmente ovos) até obtermos um creme bem fofo. Isso vai fazer com que bolhas de ar fiquem presas dentro da massa. Depois disso é que iremos acrescentar a farinha e demais ingredientes, finalizando sem demora para a massa não ficar elástica.

O **método sablage** é totalmente diferente. A manteiga começa bem fria (é recomendável até deixar no congelador por alguns minutos) e é cortada em pedaços pequenos para facilitar. A ela juntamos a farinha e, com a ponta dos dedos ou com um processador, trabalhando rapidamente para a manteiga não derreter, fazemos uma farofa (sablage vem de *sable*, que em francês quer dizer "areia"). Esse processo de envolver os grãos de farinha com a gordura serve para impermeabilizá-los, evitando assim a hidratação do glúten quando forem adicionados os ingredientes líquidos à massa, como ovos, leite ou água, garantindo um resultado mais friável.

Não existe um método superior ao outro. Você deverá levar em conta o que deseja no seu produto e assim fazer a sua escolha. Como você vai ver nas receitas deste livro, uso os métodos de acordo com o tipo de biscoito. No caso dos cookies, por exemplo, o crémage é o ideal para dar a consistência um pouco mais firme, mas que derrete na boca. Já o sablage é perfeito para o sablé diamant, por exemplo, que é um amanteigado bem delicado. Se você for curioso, sinta-se à vontade para brincar e explorar, fazer a mesma receita com os dois métodos e entender a diferença na prática.

Mas nem só de manteiga e farinha de trigo vivem os biscoitos. São numerosíssimas as receitas que não levam nenhum desses ingredientes. Como você também poderá ver ao longo do livro, as receitas à base de merengue (claras e açúcar) são muitas! O que eu, pessoalmente, gosto muito nessas receitas é que, pelo fato de as claras serem bem neutras em sabor, deixam o protagonismo para os outros ingredientes do biscoito, que podem ser frutas secas. Se você comparar, por exemplo, um biscoito de pistache à base de merengue e um biscoito do mesmo sabor à base de farinha e manteiga, vai perceber que o sabor da oleaginosa é muito mais marcante no primeiro caso. É por isso que amo esse tipo de biscoito, e na minha linha ele representa mais da metade dos produtos. Vou falar um pouco mais sobre o merengue e seus truques no capítulo seguinte.

Além da composição e da forma de preparo, a textura da massa crua também é relevante e define o tipo de finalização ideal para cada biscoito.

Biscoitos
DE PINGAR

São produtos de massa bem leve e cremosa, semelhante à de bolo, muitas vezes à base de merengue, que é despejada na assadeira com a ajuda de um saco de confeitar. Geralmente resultam em biscoitos leves, como suspiros, macarons e savoiardi (biscoito champanhe).

Biscoitos
FORMADOS COM COLHER

Estes têm a massa mais densa que a de um bolo. Ela não é mole o suficiente para ser pingada nem firme o bastante para ser aberta com rolo, cortada ou moldada com as mãos. Muitas vezes contém inclusões de pedaços grandes, como gotas de chocolate e frutas secas picadas. As porções de massa devem ser dispostas na assadeira com a ajuda de uma colher e, como tendem a se espalhar enquanto assam, é preciso deixar espaço entre elas. O melhor exemplo são os cookies.

Biscoitos de
ABRIR, MOLDAR OU CORTAR

Esses têm massas firmes, geralmente à base de manteiga e farinha de trigo. Podem ser finalizadas de diversas formas: abertas com a ajuda de um rolo e então cortadas com cortadores, modeladas em bolinhas ou minhoquinhas com a palma das mãos ou moldadas em um rolo maior a ser fatiado em discos uniformes. Alguns exemplos são o gingerbread (aberto com rolo e cortado com cortador), o biscoitinho com geleia (bolinha formada com as mãos) e o sablé diamant (rolinho de massa fatiado em discos).

Ingredientes

Os ingredientes são os tijolos na construção de uma receita e, embora já tenha falado um pouco sobre eles no capítulo anterior, resolvi dedicar esta seção para tratar das diferenças entre ingredientes semelhantes, porque nem sempre (ou quase nunca) dá para sair substituindo uma coisa pela outra nas preparações.

Pesar ou medir?

Antes de começar a falar dos ingredientes propriamente ditos e do seu papel nas receitas, vamos dar um passo atrás e tratar de como dosá-los antes de incorporar nas preparações.

A maioria das receitas domésticas usa as medidas caseiras, as populares xícaras e colheres. Eu não quero parecer fresca, mas, honestamente, não gosto muito disso!

Claro que você vai encontrar tudo em medidas caseiras aqui no livro, mas quis colocar também em peso e quero tentar convencê-lo, caso seja possível, a providenciar uma balancinha de cozinha.

Não vou nem falar do fato de que as xícaras, mesmo as de medida, feitas para isso, terem imprecisões, porque você pode contra-argumentar que serão erros pequenos e que a balança também poderia errar. Isso até que tudo bem (desde que você use xícaras de medida mesmo e não alguma xícara bonitinha que herdou do enxoval da sua avó e que pode ter qualquer volume).

Eu me refiro aos problemas das nossas imprecisões humanas mesmo. Uma pessoa pode ser mais generosa e medir a xícara deixando um montinho de ingrediente a mais para cima do nível da medida, outra pode ser excessivamente comedida e deixar com meio centímetro a menos. Essas duas pessoas vão achar que mediram uma xícara, mas tem quantidades bem diferentes de ingredientes em suas receitas. Isso porque eu estou tratando de medidas inteiras. O bicho pega mesmo quando são $3/4$, $2/3$ e frações em geral.

"Ah, Lu, mas eu deixei no nível bem certinho", você poderá me dizer. Aí eu lhe respondo que pode ser que seu ingrediente esteja mais compacto, ou então mais soltinho... Eu não quero ser muito chata, juro! Mas confeitaria é uma arte que pede precisão.

Além do mais, acho prático pesar as coisas. Se uma receita pede 3$\frac{1}{2}$ xícaras de farinha, em vez de você ter que ficar repetindo o processo de encher e esvaziar sua medida, é muito mais fácil pesar direto 438 g.

Então basicamente é isso: se você puder, use uma balança. Se não for possível, use medidas adequadas e procure nivelar corretamente, sem compactar os ingredientes. O sucesso da sua receita começa aí!

Os açúcares

Quando pensamos na função do açúcar em uma receita, a primeira coisa que nos vem à mente é, obviamente, sua capacidade de adoçá-la. Mas esse não é seu único poder! Uma função fundamental do açúcar está ligada à umidade. Os açúcares em geral são higroscópicos, ou seja, eles atraem e retêm água e isso é muito importante em uma receita. Por isso, açúcar em excesso ou em escassez em uma preparação pode prejudicar muito mais do que apenas o quão doce ela está, pode comprometer sua textura e estrutura. Complicado, não é? E fica pior: nem todo açúcar é igual. O açúcar refinado, o mascavo e os demais, cada um tem suas propriedades e efeitos distintos, então não dá para sair trocando um pelo outro sem pensar. Mas fique sossegado, eu estou aqui para tentar lhe ajudar.

A seguir você encontra uma breve explicação sobre os tipos mais comuns de açúcar e como utilizá-los.

O **açúcar branco refinado** e o **açúcar cristal** são os que consideramos "açúcares convencionais". Quando a receita diz apenas "açúcar", sem nenhuma especificação, qualquer um deles pode ser usado. Em termos práticos, para a nossa finalidade, a única diferença vai ser a granulometria. O açúcar cristal é mais grosso e por isso é mais difícil de ser dissolvido na massa, mas nada que bater um pouco mais não resolva. Tanto em casa quanto na minha confeitaria uso o açúcar orgânico, que é do tipo cristal.

O **açúcar demerara** é praticamente igual ao açúcar cristal em termos de granulometria e solubilidade nas massas. Tem um sabor muito leve de caramelo, que não chega a influenciar o produto final. Como tem um tom dourado, diferentemente do açúcar branco, pode alterar a cor da preparação. Caso não se incomode com a diferença de coloração, o demerara pode substituir o açúcar convencional.

O **açúcar de confeiteiro** nada mais é do que um açúcar branco refinado moído bem fininho. É muito utilizado para polvilhar e enrolar massas por dar o acabamento branquinho. Às vezes é usado como ingrediente na massa de biscoitos, pois, por ser mais fino, incorpora-se mais facilmente, sem que haja o risco de se deixar algum cristal de açúcar na mistura. Deve ser peneirado antes de usar, pois empelota com facilidade na embalagem. Se, por algum motivo, você quiser utilizá-lo em alguma receita no lugar do açúcar convencional, não há problemas, mas também não há motivos para isso (a não ser que seu açúcar convencional tenha acabado...).

O **açúcar impalpável** é uma mistura de açúcar de confeiteiro com amido (geralmente de milho). Isso é feito para que ele não empedre na embalagem como ocorre com o de confeiteiro puro. Deve ser usado única e exclusivamente para polvilhar e dar acabamento. Jamais deve substituir o açúcar convencional em uma massa, pois, justamente por conter amido, não é o mesmo que açúcar puro. Sendo muito sincera, nunca o uso e acho um pouco inútil. Prefiro peneirar o açúcar de confeiteiro.

O **açúcar mascavo** é menos neutro que os anteriores, seu sabor lembra o da rapadura. Seja por isso ou por sua cor amarronzada, esse açúcar não passa despercebido. Embora possa ser muito apreciado pelo paladar que traz às receitas, trata-se de um açúcar mais úmido, sendo adequado para biscoitos de tipo mais macio. A dica aqui é: caso queira utilizá-lo, faça apenas uma substituição parcial.

Tal como o açúcar mascavo, o mel tem sabor marcante e inconfundível, sua capacidade de reter umidade nas receitas é bastante alta e, caso não seja usado com parcimônia, pode fazer uma massa de biscoito desandar. Tem a interessante propriedade de aumentar a conservação dos produtos. A dica é usar como um toque especial e não como o principal meio de adoçar.

Ingredientes secos

Com exceção dos suspiros, toda receita de biscoito pede ingredientes secos: farinha de trigo, a mais popular; amido de milho; polvilho; e até alguns mais complexos, como farinha de amêndoa ou de pistache. São eles que, combinados com os ingredientes úmidos, vão dar consistência à massa. Mas, como você já viu no caso do açúcar, nada é assim tão simples, por isso vou explicar agora um pouquinho mais sobre esses ingredientes tão essenciais.

O grande diferencial da farinha de trigo, o que a torna tão popular e relevante, é a presença do glúten. São as cadeias de glúten presentes na massa que criam uma teia elástica que permite que as bolhas de ar que surgem quando um biscoito assa fiquem presas em seu interior. Mesmo que não esperemos que um biscoito cresça e fique cheio de bolhinhas, tal como um bolo ou um pão, isso ainda assim é muito desejado, principalmente em biscoitos macios como os cookies.

Amidos e polvilhos vão proporcionar o efeito de ligar os ingredientes líquidos, formando uma massa, tal como a farinha de trigo, mas sem o glúten. Quando tratamos de biscoito, muitas vezes não queremos uma massa elástica como a de um pão, e por isso esses ingredientes tornam-se muito úteis. Na maioria dos casos, o amido vai ser coadjuvante na receita, substituindo apenas parte da farinha, para controlar parcialmente o desenvolvimento do glúten; já em outros, a receita poderá conter apenas amido ou polvilho, o que resultará em biscoitos extremamente quebradiços – e muitas vezes é isso que desejamos em um biscoito amanteigado.

Farinhas de oleaginosas (amêndoa, pistache, avelã, castanha de caju etc.) são simplesmente constituídas pela oleaginosa em questão finamente triturada, até ser reduzida a pó. São livres de glúten, assim como os amidos, ou seja, não formam as tais teias elásticas. Mas, diferentemente das opções anteriores, essas farinhas não têm sabor neutro e têm quantidade considerável de gordura (são oleaginosas, lembra?). Isso torna as receitas feitas com esse tipo de ingrediente bem distintas.

Um pequeno problema pode ser encontrá-las à venda, pois não são tão comuns e também são mais delicadas e perecíveis (por terem gordura, ficam rançosas). Procure em mercados com boa variedade de frutas secas, lojas de especialidades árabes ou então em mercados municipais.

Outra opção é fazê-las em casa, mas isso pode ser um pouco complicado, pois elas perdem o ponto com facilidade. Use um processador ou liquidificador bem potente e vá pulsando pequenas quantidades da oleaginosa, até chegar ao ponto desejado. O truque é justamente esse: trabalhar com pequenas quantidades por vez e nunca bater por tempo prolongado.

Fermento químico em pó x bicarbonato de sódio

Você vai ver que neste livro algumas receitas pedem fermento químico em pó, outras, bicarbonato de sódio. E algumas que pedem os dois. Mas se esses dois ingredientes têm o propósito de fazer os biscoitos crescerem no forno, qual a diferença?

O bicarbonato de sódio, quando misturado a um ácido em meio líquido, reage produzindo bolhas de gás carbônico e é isso que faz com que o biscoito (ou bolo) cresça. O fermento químico em pó é uma combinação do próprio bicarbonato de sódio com um ácido e amido. Ou seja, o processo que faz o produto crescer é o mesmo, a diferença central é que o bicarbonato deve ser usado em receitas que contenham ingredientes ácidos para poder disparar a reação, enquanto o fermento consegue reagir em meios neutros ou até mais básicos por já conter o ácido em sua formulação.

Mas, então, por que há receitas que pedem os dois? O que acontece é que uma receita pode não ter a quantidade de ácido suficiente para que cresça apenas com bicarbonato. Ou seja, se você colocasse somente esse agente, ele não conseguiria reagir por completo por falta de ácido e sobraria bicarbonato, o que deixaria sua receita com um gosto esquisito. Por isso fazemos a mistura: colocamos bicarbonato suficiente para reagir com o ácido disponível e o restante necessário é completado pelo fermento.

Outra diferença entre eles é o tempo da reação. O bicarbonato puro tem efeito imediato, o que o torna adequado para os biscoitos, pois costumam ficar menos tempo no forno. Um pouco da ação do fermento ocorre rapidamente, mas grande parte do gás só é liberada a partir do momento em que a massa atinge temperaturas mais elevadas no forno, o que pode demorar mais. Sendo assim, é mais adequado para produtos de cocção lenta, e esse não é o caso dos biscoitos, como você vai ver nas receitas a seguir.

E uma dica: se você não costuma usar esses produtos com frequência em sua casa, eles podem ficar velhos com o tempo e não reagir como esperado. A boa notícia é que é superfácil testar se ainda estão bons: para o bicarbonato, basta misturar um pouquinho do pó a uma colherada de vinagre ou suco de limão; no caso do fermento, ele deve ser dissolvido em água quente. Em ambos os casos, devem surgir bolhas. Caso isso não ocorra, o produto não está mais reagindo e você deverá providenciar um novo.

Clara de ovo

Como disse no capítulo anterior, a estrutura central de muitos biscoitos é o merengue, essa combinação mágica de claras e açúcar. Por isso, acho que vale a pena tratar dessa preparação com um pouco mais de cuidado.

Existem três tipos de merengue: o francês, no qual o açúcar é incorporado às claras em temperatura ambiente; o italiano, que incorpora o açúcar em calda, em ponto de bala mole (115 °C), às claras enquanto elas estão sendo batidas; e o suíço, no qual claras e açúcar são misturados em banho-maria e depois batidos até esfriar. O que nos interessa para o propósito deste livro é o francês.

Por muito tempo, tive medo de merengue. Achava que era um bicho de sete cabeças. O tempo foi passando e, em um belo dia, percebi que era a base de mais da metade dos meus produtos, que batia merengue várias vezes ao dia e dava certo.

Se você já viu qualquer informação sobre merengue na sua vida, então sabe que gordura é a inimiga número um de uma clara bem batida. Por isso, tenha cuidado ao quebrar os ovos para não romper as gemas e certifique-se de que o bowl e o batedor que vai usar estejam bem limpos. Esse é o fator crucial.

O ideal é utilizar clara em temperatura ambiente. Então, como costumamos conservar ovos na geladeira, é bom tirá-los algumas horas antes. Mas isso é uma ajuda apenas. Se você se esquecer disso, vai dar certo mesmo assim; só vai precisar de mais esforço.

Outra dica conhecida quando se trata de fazer merengues é adicionar um ácido, normalmente um pouquinho de suco de limão ou uma pitada de cremor de tártaro. Isso é bom porque ajuda a estabilizar seu merengue. Eu acho especialmente útil para o suspiro, que é o merengue assado, puro e simples. Quando se trata de uma receita em que as claras batidas são apenas mais um componente, já acho desnecessário, pois outros ingredientes darão esse suporte.

Agora um mito muito difundido: adicionar sal às claras antes de bater. Isso tinha sua razão de ser quando nossas avós ou bisavós montavam um merengue com a força dos braços, muitas vezes sem nenhum utensílio adequado, porque o sal ajuda a clara a começar a espumar. O problema é que ele também tem o efeito de desestabilizar o merengue muito mais rápido. Então, como hoje temos mais recursos que nos ajudam na tarefa de bater as claras em neve, o sal não tem nenhuma serventia e apenas vai atrapalhar.

Vou compartilhar com vocês a dica de ouro que a experiência me ensinou: não tenha pressa! Vá juntando o açúcar às claras aos poucos e pode deixar batendo por um tempo, que vai variar dependendo da quantidade que você fizer e da velocidade da batedeira – mas nunca é pá-pum! Sempre li que não se podia bater demais um merengue e, por isso, durante muito tempo, bati pouco. Um dia tocou o telefone enquanto eu preparava uma receita. Corri para atender, e a preparação acabou ficando muito mais tempo na batedeira. Quando voltei, dei de cara com o merengue mais firme e lindo que eu já tinha feito.

Utensílios

Depois de escrever a parte inicial deste livro (minha história e a dos biscoitos, sobre os ingredientes e métodos), tinha desistido de falar sobre utensílios. Por algum motivo, achava menos importante.

Então comecei a escrever todas as receitas e mudei de ideia. Na verdade, é bem importante falar disso.

Vamos lá?

Batedeira

Acredito que a maioria das pessoas interessadas em cozinha tenha uma batedeira em casa. Ela não é 100% imprescindível, dado que nossas avós viveram sem ela, mas ajuda muito. Como já disse, houve uma época em que os biscoitos caseiros eram reservados a ocasiões festivas justamente porque bater à mão era uma trabalheira danada!

Existem dois tipos de batedeiras: aquelas convencionais, que têm encaixe de dois batedores; e a planetária, que conta com um encaixe só, mas cujo batedor, além de girar no próprio eixo, faz um movimento circular abrangendo todo o bowl (daí o nome "planetária", pois os planetas giram no seu eixo e também em torno do Sol).

O ideal para biscoitos é a batedeira planetária, pois, além de um motor mais potente, que aguenta bater massas mais pesadas, tem três tipos de batedores que podem ser usados de acordo com o tipo de massa:

- **Globo de arame:** ideal para massas leves, como merengues, pão de ló e chantili, pois ajuda a incorporar o ar às preparações.
- **Raquete, folha, leque ou pá** (as pessoas são bem criativas e chamam esse batedor de várias formas): ideal para massas intermediárias, entre as quais se encaixam praticamente todos os biscoitos com manteiga.
- **Gancho:** indicado para massas pesadas, como as de pão. No caso dos biscoitos, não costuma ser usado, mas ainda assim é útil para sovar a massa dos taralli.

Sei que uma batedeira planetária pode ser um pouco cara e é um investimento que pode não valer a pena dependendo do seu uso. Por isso, nas receitas, também vou dar a indicação do uso da batedeira

convencional, ok? Assim você não fica chateado comigo e também não tem desculpa para não fazer os biscoitos. Basicamente, vai ser assim: você pode começar a receita na batedeira convencional, mas, quando for agregando os sólidos, a massa ficará mais densa, então é melhor parar e terminar de bater à mão com uma espátula.

Processador

Devo admitir que sou a fã número um do processador. Acho que é versátil e ajuda muito no dia a dia. Mas, para os propósitos deste livro, destaco dois usos:

- **Triturar ingredientes:** teremos algumas receitas que usam frutas secas bem picadas ou trituradas. Um processador o ajuda com isso, literalmente, em segundos. Para triturar manualmente, você gastará muito mais tempo e, infelizmente, terá um resultado inferior.
- **Fazer massa pelo método sablage (p. 18):** fazer a farofa de manteiga e farinha é muito mais fácil quando usamos um processador. É mais rápido e fica melhor, pois nossas mãos são quentes (as minhas não muito, admito) e tendem a amolecer a manteiga. No caso dos biscoitos que usam esse método, a receita inteira pode ser feita no processador de maneira muito, mas muito rápida. E, como a manteiga foi trabalhada em pouco tempo e sem contato com o calor das mãos, a massa se mantém firme e podemos até pular o passo de deixá-la na geladeira antes de cortar e assar. Ajuda muito! Essa dica vale também para massas amanteigadas para tortas.

Tapete de silicone

Outra paixão na minha vida! É melhor que o papel-manteiga para não deixar nada grudar na assadeira e, de quebra, ajuda a conduzir o calor de maneira mais uniforme. Tenho os meus há muito tempo e uso diariamente. Eles duram uma eternidade.

Hoje em dia já está mais fácil de achar à venda. Você encontra em lojas de utensílios para confeitaria. Infelizmente, aqui no Brasil não é barato, mas pense que você nunca mais vai precisar comprar papel-manteiga.

Também uso para abrir massas sem precisar colocar farinha na bancada, pois a massa crua também não gruda nele, e assim evito a adição de farinha e, mais importante, faço menos bagunça.

Se você se animou a comprar um, fica uma dica: como está disponível em várias medidas, é importante que você saiba o tamanho da sua assadeira para não adquirir um em formato errado.

E não pense que é útil apenas para fazer biscoitos: também é ótimo para assar legumes e fazer chips de batata no forno.

Colher dosadora

Se você tem intenção de fazer biscoitos profissionalmente ou faz de maneira amadora, mas em grandes quantidades e com frequência, esse utensílio pode ser interessante.

Trata-se de uma colher com extrator, que você aperta para soltar a bolinha, igual àquelas de sorvete, mas de tamanho adequado para biscoitos. Gosto dessas colheres porque agilizam a produção e, sobretudo, garantem a padronização do tamanho dos biscoitos. As minhas eu trouxe de fora. Em inglês chamam-se "cookie scoop", e você encontra de diversos tamanhos. Estão começando a chegar ao Brasil, pois as doceiras têm dosado brigadeiros com elas.

Se você não tem uma e não se interessa em comprar, não tem problema. Use duas colheres: com uma você pega a massa e com a outra você empurra para que se solte da primeira colher sobre a assadeira.

Saco de confeitar

Acho que uma das poucas coisas que aprecio da febre dos cupcakes é o fato de ter ficado mais fácil achar sacos de confeitar descartáveis. Eu odiava os sacos de náilon. Achava difíceis de lavar, sempre tinha a impressão de que ficariam sujos e acabava evitando-os. Hoje você encontra os descartáveis facilmente em lojas de confeitaria, e eles são baratos.

Mesmo assim, muitas vezes você pode não ter o saco de confeitar em casa quando der aquela vontade de fazer o biscoito que precisa de um. Mas isso não é motivo para desanimar. Provavelmente terá um saquinho de congelar, e ele pode quebrar seu galho.

Basta colocar a massa do biscoito no saquinho, enchendo-o, no máximo, até a metade, torcer a boca do saquinho para fechar e cortar uma das pontas de baixo. Pronto! Já fiz isso incontáveis vezes, e muitas delas por opção (por odiar os tais sacos de náilon).

Cortadores

Para algumas receitas, usaremos cortadores. Salvo o caso do gingerbread man, que tradicionalmente tem o formato de um homenzinho, cortadores redondos resolvem nossa necessidade. E cortadores redondos improvisados estão em todas as partes. Aqui vale usar copo, xícara de café ou, meus favoritos, tampas. Vale a do pote de café solúvel, a do pote de maionese, a da garrafa de leite... Aposto que na sua casa você vai encontrar várias opções e que uma delas vai ser exatamente o que precisa para o seu biscoito.

Forno

Fornos são "criaturas" únicas. Mesmo que da mesma marca e do mesmo modelo, cada um é um: os controles de temperatura não são precisos e a distribuição de calor não é homogênea. Então, antes de mais nada, meu conselho é: conheça seu forno.

Sempre que for fazer uma receita pela primeira vez, fique de olho quando estiver chegando o tempo estimado: pode ser que seu forno seja mais rapidinho ou, então, um pouco mais devagar. Por isso, sempre dou nas receitas uma indicação da aparência que os biscoitos devem ter antes de serem tirados do forno.

Fornos com convecção de ar ainda são raros por aqui, mas, se você tiver um, redobre a atenção, pois esse tipo costuma assar os biscoitos de forma bem mais rápida. Se for o caso, programe para uma temperatura 10 °C inferior à indicada na receita.

Por essas questões de imprecisão dos fornos, quando faço uma receita pela primeira vez em um determinado forno, gosto de fazer uma fornada-teste, com um pequeno número de biscoitos, assim consigo fazer ajustes e, se der problema, perco apenas algumas unidades e não toda a minha produção.

Embalando
PARA PRESENTE

Presentear com biscoitos caseiros é supercharmoso! Mostra que você se empenhou em preparar algo para a pessoa e isso vale mais do que muito presente caro comprado. Além disso, é algo que agrada a todos, não importa a idade, o gênero, os gostos pessoais... Portanto, também é um presente prático e versátil.

A seguir vou lhe dar dicas de como embalar os biscoitos para acomodá-los em vários tipos de embalagens. Assim você pode caprichar na apresentação e encantar ainda mais com seu presente!

Embalagem simples em celofane

É um curinga! Você pode colocar um laço bonito e já fica uma lembrança perfeita para todas as ocasiões: casamento, aniversário, chá de bebê etc.

Além disso, é superútil quando você quer embrulhar os biscoitos individualmente, seja para servir em alguma ocasião na qual não é ideal as pessoas pegarem os biscoitos diretamente, seja para colocar dentro de alguma outra embalagem que você não quer sujar no contato direto com os biscoitos, como saquinhos de pano ou papel.

Coloque o(s) biscoito(s) no centro do quadrado de celofane. Dobre a parte de cima e a parte de baixo do papel sobre o biscoito, de forma que se sobreponham no centro do biscoito. Deslize as mãos para os lados do celofane, mantendo-o dobrado sobre o biscoito. Dobre as pontas formando triângulos. Coloque as pontas dobradas para o lado de baixo do biscoito. Pronto! Faça o acabamento que quiser: cole as pontas com uma etiqueta adesiva ou envolva com uma fita, fazendo um bonito laço em cima.

Caso fique com dúvidas, procure na internet a forma de embrulhar bem-casados. É a mesma coisa, e você encontra tutoriais cheios de fotos.

Embalagens retangulares e redondas

Pode parecer um exagero querer ensinar a embalar biscoitos, mas prometo que não é. Não tem nada mais frustrante do que montar uma caixa ou lata toda bonita para alguém, a pessoa abrir na sua frente e você ver que todos os biscoitos saíram do lugar e estão amontoados em um canto, às vezes até meio quebradinhos.

- **Embalagens redondas:** acho esse formato prático. Colocando os biscoitos parcialmente um sobre o outro, seguindo a lateral da embalagem, eles se intertravam e ficam superfirminhos na posição.
- **Embalagens retangulares:** a dica é fazer divisórias com um papel grosso, assim é mais garantido que os biscoitos permaneçam na posição original.

Meça o comprimento da fileira e a altura da caixa. Corte um retângulo de papel que tenha a altura igual ao comprimento da fileira de biscoitos e a largura igual ao dobro da altura da caixa, acrescida de 2 cm. Exemplo: se a fileira de biscoitos tem 10 cm e a caixa tem 5 cm de altura, o retângulo necessário tem 10 × 12 cm. Dobre-a na metade da largura. Em nosso exemplo, ficaríamos com um retângulo de 10 × 6 cm. Dobre para o lado de fora 1 cm de cada lado, fazendo a base da divisória. Agora basta posicionar a divisória na caixa e colocar os biscoitos.

- **O quebra-galho universal:** forminhas de papel para cupcake são muito úteis. Se você preencher sua embalagem, seja retangular ou redonda, com essas forminhas, que você encontra com facilidade por aí, seus biscoitos ficarão superbem acomodados e você ainda pode brincar com as cores dos papéis para criar uma embalagem divertida.

Seja criativo

Gosto muito de pesquisar por aí e pensar em novas ideias de como presentear os biscoitos sem que estejam em caixas ou latas.

Forminhas de cupcake, potes de vidro, saquinhos de pão ou pipoca, xícaras, canecas e caixas de chá são algumas opções de que gosto e que também podem ser inspiradoras.

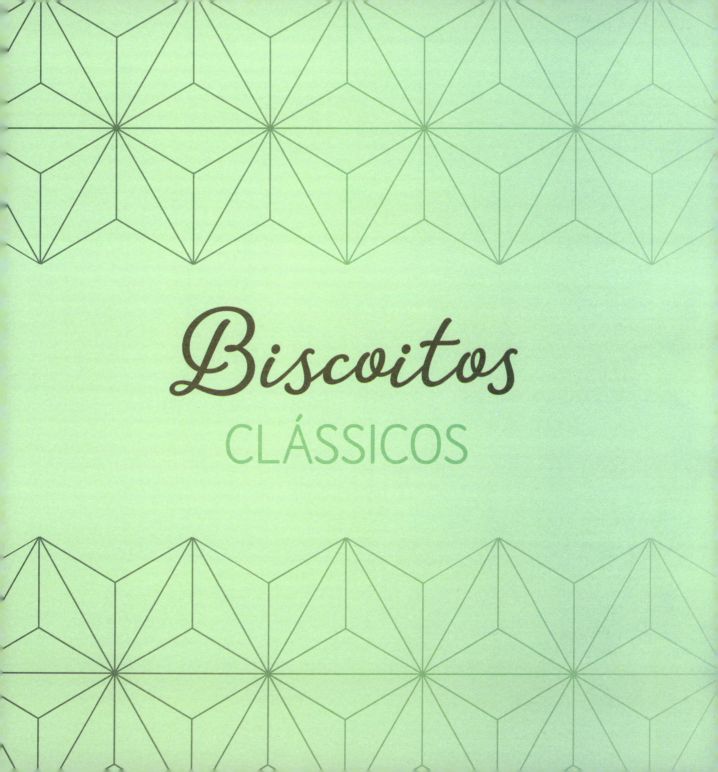

Langue de chat
(LÍNGUA DE GATO)

De certa maneira, podemos dizer que estes biscoitos estão para os franceses assim como os savoiardi estão para os italianos. Não apenas pela questão da similaridade de formato, ou por serem biscoitos bastante simples, mas também por serem biscoitos muito utilizados para acompanhar ou compor sobremesas, como a bavaroise. Experimente fincar um destes em uma taça de sorvete ou musse... Fica uma delícia!

125 g de manteiga em temperatura ambiente

1 xícara (125 g) de açúcar de confeiteiro peneirado

3 claras

1¼ xícara (150 g) de farinha de trigo peneirada

½ colher (chá) de sal

Preaqueça o forno a 180 °C.

Com a ajuda de uma batedeira (se tiver uma planetária, use o batedor raquete) ou uma espátula, bata a manteiga até ficar com uma textura fofa e adicione aos poucos o açúcar peneirado. Incorpore, então, as claras, uma a uma, batendo bem depois de cada adição. Junte a farinha e o sal e misture até obter uma massa homogênea com a textura um pouco mais firme do que a de uma massa de bolo, mas ainda cremosa.

Forre a assadeira com papel-manteiga ou um tapete de silicone. Coloque a massa em um saco de confeitar com bico liso de 1 cm ou em um saquinho de congelar com uma ponta cortada. Faça palitos de massa com cerca de 5 cm de comprimento, deixando três dedos entre um e outro, pois a massa vai se espalhar consideravelmente.

Leve ao forno por cerca de 10 minutos ou até as bordas estarem bem douradas e o centro ainda branco. Se necessário, gire a assadeira 180° na metade do tempo para garantir que os biscoitos assem de maneira uniforme.

Deixe esfriar completamente e guarde em um pote com boa vedação.

Biscoito LINZER

Este biscoito teve origem na cidade de Linz, na Áustria. Na verdade, ele é a versão reduzida de uma torta com o mesmo nome, a Linzer Torte.

Trata-se de dois biscoitinhos de massa amanteigada, com um pouco de farinha de amêndoa, canela e raspas de limão, recheados com geleia e polvilhados com açúcar de baunilha (açúcar de confeiteiro saborizado com baunilha), que se popularizou em grande parte do Ocidente como um biscoito natalino.

Uma característica importante neste biscoito é o chamado olho, que seria o furo (ou os furos, dependendo da sua criatividade) feito no biscoito que vai por cima da geleia, permitindo que ela fique visível.

Tradicionalmente é feito com geleia de groselha, mas, como é quase impossível encontrarmos esse sabor por aqui, faça com a geleia de sua preferência, lembrando que as vermelhas ficam com a aparência mais próxima da do biscoito original. Outra adaptação necessária é a baunilha. Na receita original, o toque de baunilha vem no açúcar, uma vez que na Europa este é um ingrediente bem comum. Como não encontramos isso por aqui, se quiser, coloque um toque de baunilha na massa.

- 200 g de manteiga em temperatura ambiente
- 1 xícara (120 g) de açúcar de confeiteiro
- 1 ovo
- 1 colher (café) de essência de baunilha ou 1 colher (chá) de pasta de baunilha (opcional)
- raspas da casca de ½ limão, de preferência siciliano
- 1 colher (café) de canela em pó
- 1 colher (café) de sal
- 2½ xícaras (310 g) de farinha de trigo
- 2 xícaras (200 g) de farinha de amêndoa
- açúcar de confeiteiro para polvilhar
- geleia de sua preferência para rechear

Na batedeira (se tiver uma planetária, use o batedor raquete), bata a manteiga e o açúcar até obter uma mistura fofa. Adicione o ovo, a baunilha e as raspas de limão e bata até ficar homogêneo. Incorpore aos poucos os ingredientes secos (canela, sal, farinhas de trigo e de amêndoa). Caso sua batedeira não seja muito forte, faça esta etapa misturando a massa com uma espátula.

Divida a massa em duas ou três partes, formando uma bola com cada uma delas. Achate, formando discos, e envolva cada um em filme de PVC. Leve à geladeira por, pelo menos, 30 minutos.

Preaqueça o forno a 180 °C. Tire a massa da geladeira e abra com uma espessura de menos de 0,5 cm. Trabalhe com um disco por vez, mantendo o(s) outro(s) na geladeira. Corte a massa com um cortador, lembrando de fazer o mesmo número de fundos (biscoitos inteiros) e tampas (biscoitos com "olhos", os recortes).

Coloque os discos em uma assadeira forrada com papel-manteiga ou um tapete de silicone, deixando um dedo de espaço entre eles. Para facilitar as etapas seguintes, coloque os fundos em um lado da assadeira e as tampas no outro. Asse por cerca de 12 minutos, até que comecem a ficar dourados.

Quando tirar do forno, polvilhe os biscoitos da tampa com açúcar de confeiteiro enquanto ainda estiverem quentes, assim o açúcar se fixa melhor. Com os biscoitos mornos ou frios, passe uma fina camada de geleia nos fundos e cubra-os com as tampas. Não seja muito generoso com o recheio ou os biscoitos vão ficar escorridos e melados.

Conserve-os em potes com boa vedação, lembrando de colocar papel-manteiga ou filme de PVC entre as camadas de biscoito para evitar que a geleia dos de baixo grude nos de cima.

Chocolate
CHIPS COOKIE

Diferentemente de muitas receitas, cuja história não se sabe exatamente, este biscoito tem uma origem precisa: foi criado nos Estados Unidos, no final da década de 1930, por uma senhora chamada Ruth Wakefield, dona de um restaurante no estado de Massachusetts. Ela desenvolveu este biscoito para compor uma sobremesa de seu estabelecimento junto com uma bola de sorvete. Você pode substituir parte do chocolate meio amargo por chocolate branco. Meu marido adora essa versão alternativa!

- 200 g de manteiga em temperatura ambiente
- 1/2 xícara (100 g) de açúcar
- 1 1/2 xícara (300 g) de açúcar mascavo
- 2 3/4 xícaras (340 g) de farinha de trigo
- 1/2 colher (chá) de sal
- 1 1/2 colher (chá) de fermento químico em pó
- 1 colher (chá) de bicarbonato de sódio
- 2 ovos
- 2 1/4 xícaras (390 g) de chocolate meio amargo* picado ou em gotas

* Se você é da turma do chocolate ao leite e tem receio de usar o meio amargo, por favor me dê um voto de confiança, pode ser? A massa do biscoito já é suficientemente doce, e colocar o chocolate ao leite a deixaria muito açucarada. Vendo este biscoito na minha confeitaria desde a inauguração e agrada a todos, mesmo os que inicialmente ficam com o pé atrás quando digo que a gotinha é de chocolate meio amargo. Pode confiar!

Preaqueça o forno a 170 °C.

Em uma batedeira (se tiver uma planetária, use o batedor raquete), bata a manteiga com os açúcares até obter uma mistura clara e fofa. Enquanto a batedeira trabalha, misture em uma tigela a farinha, o sal, o fermento e o bicarbonato. Junte os ovos, um a um, ao creme de manteiga, batendo bem para homogeneizar depois de cada adição. Aos poucos, adicione a mistura de farinha à manteiga. Se a massa começar a ficar pesada para a sua batedeira, misture à mão com uma espátula. Por último, incorpore as gotinhas de chocolate, misturando até que estejam bem distribuídas na massa.

Forre a assadeira com papel-manteiga ou um tapete de silicone. Se você achar que sua massa está muito mole, deixe um pouco na geladeira antes de formar os biscoitos. Com a ajuda de duas colheres ou com uma colher dosadora, despeje montinhos de massa do tamanho de uma noz com casca na assadeira, deixando bastante espaço entre eles, pois vão achatar e crescer no forno. Leve ao forno por cerca de 12 a 15 minutos ou até estarem dourados nas bordas, girando a assadeira 180° na metade do tempo para que assem por igual. Retire do forno e deixe esfriar. Guarde em um pote com boa vedação.

Shortbread

Este biscoito, originário da Escócia, mas também muito comum na Inglaterra, é tradicionalmente consumido no famoso chá da tarde, uma instituição do Reino Unido. Pode ser saboreado puro, mergulhado no chá ou no leite, ou então acompanhar frutas e sobremesas.

- ½ colher (chá) de sal
- 1⅔ xícara (200 g) de farinha de trigo
- 120 g de manteiga gelada e cortada em cubos pequenos + um pouco para untar
- ⅓ de xícara (65 g) de açúcar

Preaqueça o forno a 160 °C.

Misture o sal com a farinha em uma tigela. Bata a manteiga gelada em um processador ou amasse com um garfo até obter um creme sem pedacinhos. Se você achar que a manteiga está amolecendo muito, coloque novamente na geladeira e depois retome. Sempre trabalhando rápido, misture o açúcar para obter um creme homogêneo. Adicione aos poucos a farinha com sal ao creme de manteiga.

Coloque um pouquinho de manteiga em uma superfície e trabalhe a massa por cerca de 5 a 7 minutos. Mais uma vez, se você achar que a manteiga da massa está derretendo, deixe descansar um pouco na geladeira.

Em uma assadeira untada com manteiga ou forrada com papel-manteiga ou um tapete de silicone, faça um quadrado com a massa de aproximadamente 20 × 20 cm. Com um garfo, faça furos na massa.

Leve ao forno por cerca de 30 a 40 minutos ou até que esteja começando a dourar levemente nas bordas. Se necessário, gire a assadeira 180° na metade do tempo para assegurar que asse por igual.

Importante: você não deve deixar que doure completamente.

Deixe esfriar e, quando estiver morno, corte, ainda na assadeira, em palitos ou quadradinhos. Não retire da assadeira até esfriarem por completo.

Conserve em um pote com boa vedação.

Cantucci

Estes biscoitos típicos italianos, mais especificamente da Toscana, são dos raros exemplos que encontramos atualmente de biscoitos assados duas vezes. Isso faz com que sejam um pouco mais durinhos, o que pode desagradar a alguns. Na Itália, o costume é molhar o biscoito em um tipo de vinho doce toscano que combina perfeitamente, o Vin Santo. Se você não tiver esse tipo de vinho, que pode ser difícil de encontrar, prove com o vinho doce de sua preferência.

1 2/3 xícara (210 g) de farinha de trigo

3/4 de xícara (150 g) de açúcar

1 colher (chá) de fermento químico em pó

1 colher (café) de sal

1 1/3 xícara (200 g) de amêndoa, levemente tostada

1 colher (sopa) de semente de erva-doce (opcional)

2 ovos

2 colheres (chá) (15 g) de mel

raspas da casca de 1 limão, de preferência siciliano

Em uma tigela grande, misture a farinha, o açúcar, o fermento, o sal, a amêndoa e a erva-doce e reserve.

Em outro recipiente, bata levemente os ovos com o mel e as raspas de limão e despeje na tigela dos ingredientes secos. Misture e amasse até obter uma massa homogênea e bastante firme. Faça uma bola de massa e cubra-a com filme de PVC e deixe descansar na geladeira por cerca de 20 minutos.

Enquanto isso, preaqueça o forno a 180 °C. Divida a massa já descansada em duas partes iguais e forme com cada uma delas um filão de não mais do que três dedos de largura. Posicione-os lado a lado, com cerca de 5 cm de distância entre eles, em uma assadeira forrada com papel-manteiga ou um tapete de silicone e leve ao forno por 20 minutos ou até dourar, girando a assadeira 180° na metade do tempo para garantir uma cocção uniforme. Retire do forno e deixe esfriar por, pelo menos, 40 minutos.

Com uma faca afiada posicionada na diagonal, corte o filão em fatias com a espessura de um dedinho. Coloque as fatias deitadas na assadeira sem sobrepor umas às outras e leve ao forno a 160 °C por 5 minutos ou até começarem a ficar levemente douradas no centro. Cuidado para não se empolgar demais e deixar tostar!

Retire do forno e deixe esfriar completamente antes de guardar em potes ou sacos com boa vedação.

Faça novas combinações de sabores. Experimente substituir as raspas de limão por raspas de laranja, ou trocar parte da amêndoa por pistache, avelã, castanha-do-pará, ou ainda colocar um toque de especiarias, como canela... O legal desta receita é o fato de ela ser superversátil. Então, deixe-a do seu jeito!

Paste
DI MELIGA

Sabe aquela história que contei no início do livro sobre as receitas oriundas da necessidade? Eis mais um exemplo! Estes biscoitos, que misturam farinha de trigo com fubá (milho), foram criados em um ano ruim da colheita de trigo. Só que ficaram tão gostosos que se perpetuaram.

Tradicionais da região de Cuneo, no Piemonte (Itália), muitas vezes são consumidos mergulhados em Barolo Chinato, uma versão fortificada do vinho Barolo, produzido na região e famoso em todo o mundo.

1 xícara (150 g) de fubá mimoso + um pouco para dar o ponto

1 2/3 xícara (200 g) de farinha de trigo

1 xícara (200 g) de açúcar

1 colher (chá) de sal

250 g de manteiga em temperatura ambiente e cortada em pedaços

2 ovos

raspas da casca de 1 limão, de preferência siciliano

leite para dar o ponto

Preaqueça o forno a 180 °C.

Em uma tigela, misture o fubá, a farinha peneirada, o açúcar e o sal. Usando as mãos, incorpore a manteiga. Junte os ovos e as raspas de limão e misture até a massa ficar homogênea. Ela deverá ter uma textura um pouco mais firme que a de uma massa de bolo. Se, por um acaso, a massa ficar dura demais, adicione leite para dar o ponto. Se ficar muito mole, acrescente fubá.

Forre a assadeira com papel-manteiga ou um tapete de silicone. Coloque a massa em um saco de confeitar com bico pitanga de 1 cm (aquele com pontinhas) e faça rosquinhas de cerca de 5 cm de diâmetro, deixando um dedo de espaço entre elas. Leve ao forno por aproximadamente 15 a 20 minutos ou até ficarem douradas, girando a assadeira 180° na metade do tempo para garantir uma cocção uniforme.

Deixe esfriar e conserve em um pote com boa vedação.

Savoiardi (BISCOITO CHAMPANHE)

O nome "savoiardi" entrega a origem destes biscoitos: a Casa Real de Savoia, uma das famílias reais europeias mais antigas da história. Embora tenha origem tão nobre, trata-se de um biscoito simples e versátil, perfeito para ser usado como ingrediente em sobremesas. No sul da Itália, na época do Carnaval, é tradicional comer estes biscoitos com um doce típico chamado sanguinaccio, feito à base de leite, chocolate e... sangue de porco. Atualmente, a venda de sangue de porco está proibida em muitas regiões, então esse ingrediente tem sido suprimido das receitas.

- 4 ovos
- $2/3$ de xícara (135 g) de açúcar, dividido em duas partes
- 1 xícara (110 g) de farinha de trigo
- $1/2$ colher (chá) de fermento químico me pó (opcional)
- açúcar cristal para polvilhar

Preaqueça o forno a 190 °C.

Separe as claras das gemas. Coloque as claras no bowl da batedeira e bata até começar a virar clara em neve. Adicione aos poucos, com a batedeira sempre em movimento, metade do açúcar. Bata até dar o ponto, despeje em outro recipiente e reserve.

Bata as gemas na batedeira. Quando começarem a espumar, adicione aos poucos a segunda metade do açúcar. Continue a bater até obter um creme bem fofo e de um tom amarelo-pálido. Incorpore delicadamente 2 colheradas das claras ao creme de gemas. Peneire a farinha (se for usar fermento, misture à farinha na peneira). Adicione aos poucos a farinha ao creme de gemas, mexendo suavemente até que não haja mais grumos. Misture, da forma mais delicada possível, o restante das claras à massa.

Coloque a massa em um saco para confeitar com bico de 1 cm. Em uma assadeira forrada com um tapete de silicone ou papel-manteiga, faça palitos do tamanho desejado (se estiver fazendo os biscoitos como ingrediente de uma sobremesa, pense no recipiente em que vai servir). Polvilhe os palitos de massa com açúcar.

Leve ao forno por 10 minutos, ou até que os biscoitos estejam rachados e começando a dourar nas bordas. Aguarde esfriar para tirar da assadeira.

Esta receita é muito rápida e o resultado é infinitamente superior aos biscoitos comprados. Tente fazer seu pavê favorito com esta delícia e sinta a diferença! Ou experimente as receitas de tiramisù das páginas 132 e 135.

Brutti
MA BUONI

Também chamados de brutti buoni e bruttibuoni, estes biscoitos são alvo de desavença: várias cidades de diferentes regiões italianas se proclamam criadoras deste popular biscoito. E o mais curioso é que existe uma variedade das receitas ditas "originais": só com avelã (que é o caso desta aqui), só com amêndoa ou com um misto das duas em alguma proporção. Eu não vou entrar na briga, mas gosto muito desta receita com avelã, que aprendi no meu curso de biscotteria na Itália e que é um sucesso na minha confeitaria.

1½ xícara (250 g) de avelã sem casca

4 claras

1¼ xícara (250 g) de açúcar

Em um processador, bata a avelã até ficar grosseiramente quebrada. Se não tiver processador, pique com uma faca ou então quebre batendo com um martelo culinário ou um rolo de macarrão.

Coloque as claras no bowl da batedeira (se tiver uma planetária, use o batedor globo de arame) e bata em velocidade média até começar a espumar. Adicione o açúcar aos poucos, sem parar de bater. Siga batendo até obter um merengue firme e brilhante.

Em uma panela suficientemente grande, misture a avelã picada e as claras batidas. Leve ao fogo médio, misturando sempre, até a massa começar a desgrudar do fundo e ficar mais consistente. Tire do fogo e despeje o conteúdo da panela em uma tigela para que esfrie um pouco.

Preaqueça o forno a 160 °C. Forre uma assadeira com papel-manteiga ou um tapete de silicone. Com a massa morna ou em temperatura ambiente, forme montinhos com a ajuda de duas colheres pequenas e coloque na assadeira, deixando espaço de cerca de um dedo entre um e outro. Leve ao forno por 30 minutos, girando a assadeira 180° na metade do tempo, ou até ficarem dourados.

Deixe os biscoitos esfriarem completamente para que endureçam antes de soltá-los do papel. Armazene em potes bem vedados.

Bacio DI DAMA

O nome deste biscoito quer dizer, em italiano, "beijo de dama". Chama-se assim porque seu criador achou que as duas bolachinhas coladas com chocolate pareciam lábios prontos para dar um beijo. Acho que ele estava apaixonado!

BISCOITO

- 1½ xícara (250 g) de avelã inteira, sem casca
- 1 xícara (200 g) de açúcar
- 250 g de manteiga sem sal, em temperatura ambiente
- 1½ xícara (180 g) de farinha de trigo
- 1 xícara (125 g) de fécula de batata ou amido de milho

RECHEIO

- ⅔ de xícara (65 g) de açúcar
- ⅓ de xícara (65 ml) de água
- 1½ xícara (250 g) de chocolate meio amargo, picado ou em gotas

Trocando a avelã por castanha de caju e recheando com goiabada ou beijinho, você tem versões abrasileiradas muito gostosas deste biscoito.

Bata a avelã e o açúcar no processador até obter uma farofa grossa. Transfira para a batedeira (se tiver uma planetária, use o batedor raquete) e adicione a manteiga, batendo para incorporar o ar até a mistura ficar fofa. Junte aos poucos a farinha e a fécula e misture até a massa ficar homogênea. Esta é uma massa consistente, se sua batedeira não for forte, termine o processo batendo à mão.

Divida a massa em duas ou três partes. Com o auxílio de um rolo, abra as partes de massa entre duas películas de filme de PVC até chegarem a uma espessura de 0,5 cm. Coloque na geladeira por cerca de 1 hora, até firmar.

Preaqueça o forno a 160 °C.

Com ajuda de um cortador, corte discos de massa de aproximadamente 3 cm e coloque em uma assadeira deixando um dedinho de espaço entre eles. Como a massa é amanteigada, não existe a necessidade de untar, usar papel-manteiga ou um tapete de silicone; particularmente, prefiro o tapetinho, pois acho que ajuda a distribuir melhor o calor.

Leve ao forno por cerca de 20 minutos, até começar a dourar nas bordas, girando a assadeira 180° na metade do tempo para garantir que assem uniformemente. Retire do forno e deixe que esfriem completamente.

Enquanto aguarda, faça o recheio. Dissolva o açúcar na água. Como se trata de bastante açúcar, é necessário aquecer um pouco a mistura para que ele dissolva completamente. Você pode aquecer em uma panelinha ou no micro-ondas. Despeje a calda de água e açúcar sobre o chocolate e misture. Se não derreter por completo, leve ao banho-maria para que termine de derreter e fique homogêneo.

Deixe esfriar um pouco para ganhar consistência. Coloque o recheio em um saco de confeitar ou em um saquinho de congelar com o bico cortado. Faça pingos do recheio em metade das bolachinhas e tampe com as demais. Deixe o recheio endurecer por completo antes de comer.

Pode-se conservar por até uma semana, de preferência em pote hermético.

Cookie
DE AVEIA E PASSAS

Este é um cookie clássico dos Estados Unidos. Se você passar em qualquer padaria ou supermercado de lá, vai encontrá-lo com certeza. Eu, quando comecei a me animar na produção de biscoitos, ainda de forma amadora, logo quis tentar alguma receita dele porque, para mim, tem gostinho de férias. Acabei encontrando uma receita da Martha Stewart com purê de maçã na massa, resolvi preparar e me apaixonei! O biscoito fica com uma textura macia deliciosa. Acho que a função da maçã é mais esta do que dar sabor, pois não dá para sentir muito o gosto da fruta no biscoito.

COOKIE

- 60 g de manteiga derretida
- 1 xícara (200 g) de açúcar mascavo
- ½ xícara (100 g) de açúcar
- 1 ovo
- ½ xícara de purê de maçã (ver abaixo)
- 1¼ xícara de farinha de trigo
- 1½ xícara de aveia em flocos
- ½ colher (chá) de sal
- ½ colher (chá) de fermento químico em pó
- 1 xícara de uva-passa, preta ou branca – escolha a sua favorita

PURÊ DE MAÇÃ

- 1 maçã grande, descascada, descaroçada e cortada em pedaços
- 1 colher (chá) de suco de limão
- ½ colher (chá) de canela em pó
- 1 colher (chá) de açúcar
- ¼ de xícara (chá) de água

Para o purê de maçã, coloque todos os ingredientes em uma panela, tampe e leve ao fogo médio, mexendo esporadicamente, por cerca de 10 minutos ou até que os pedaços de maçã estejam bem macios. Ao final desse tempo, se houver líquido na panela, escorra-o (eu guardo para fazer drinques!).

Amasse a maçã com garfo ou espremedor de batata. Não precisa bater no liquidificador nem processar. É gostoso que sobrem pequenos pedacinhos de maçã cozida no biscoito.

Deixe esfriar antes de usar na receita.

Para o cookie, preaqueça o forno a 170 °C.

No bowl da batedeira (se tiver uma planetária, use o batedor raquete), misture a manteiga derretida com os açúcares. Junte o ovo e o purê de maçã e bata até incorporar bem.

Enquanto isso, misture em uma tigela a farinha, a aveia, o sal e o fermento. Aos poucos, despeje a mistura de farinha no creme de maçã, mexendo sempre, até obter uma massa homogênea. Por fim, incorpore as passas, misturando até estarem bem distribuídas.

Forre uma assadeira com papel-manteiga ou um tapete de silicone. Com a ajuda de duas colheres ou uma colher dosadora, despeje na assadeira montinhos de massa do tamanho de uma noz com casca, deixando espaço entre eles, pois vão se espalhar e crescer no forno. Asse por cerca de 15 minutos, até os biscoitos estarem dourados nas bordas, girando a assadeira 180° na metade do tempo para garantir uma cocção uniforme.

Retire do forno e deixe esfriar completamente. Conserve os biscoitos em um pote com boa vedação.

A receita de purê de maçã rende a quantidade exata para preparar este cookie (½ xícara), mas, como o tamanho das maçãs pode variar, costumo fazer o dobro por segurança. Se sobrar maçã cozida, aproveito para fazer um lanchinho.

Suspiro

Suspiro é uma delícia. Sinceramente, nunca ouvi falar de alguém que não goste. É um caso clássico no qual uma receita é bem mais do que a soma das partes. Como pode só açúcar e claras resultar em algo tão gostoso? Mas, embora seja algo teoricamente simples, seu preparo tem uns truques fundamentais para o sucesso da receita. Uma das minhas sobremesas favoritas é morango com chantili e suspiros. O aniversário do meu pai é em agosto, auge da época do morango, e sempre preparamos esta sobremesa.

3 claras (100 g)

1 colher (chá) de cremor de tártaro ou suco de limão coado (opcional)

1 xícara (200 g) de açúcar

amido de milho para polvilhar

Preaqueça o forno a 100 °C. Ou, se seu forno for igual ao da maioria das pessoas, que começa em 160 °C ou 180 °C (sofro com isso também, não fique triste!), preaqueça no mínimo porque já, já vou lhe contar um truque.

Verifique se o bowl em que vai bater o merengue está perfeitamente limpo. Despeje as claras e, com a ajuda de uma batedeira ou batedor elétrico, bata em velocidade média até começar a espumar. Se quiser, adicione, sem parar de bater, o limão ou o cremor de tártaro. Sem desligar a batedeira, incorpore o açúcar aos poucos.

Bata até que o açúcar esteja perfeitamente dissolvido e forme um merengue firme e brilhante. Para verificar se o açúcar está dissolvido, coloque um pouco de merengue entre os dedos e esfregue-os. Você não deverá sentir nenhuma aspereza.

Enquanto isso, prepare a assadeira colocando um tapetinho de silicone ou papel-manteiga no fundo e polvilhando-o com uma fina camada de amido de milho, para que os suspiros não grudem.

Forme seus suspiros na assadeira. Para isso, você pode usar um saco de confeitar com o bico de sua preferência ou um saquinho de congelar com a pontinha cortada. Caso não ligue para obter a forma de gota, tradicional do suspiro, pode utilizar colheres para modelá-los, despejando montinhos de merengue.

Chegou a hora de assar! Aqui está a questão: o suspiro não deve assar, ele deve apenas secar ao forno. Temperaturas elevadas vão fazer com que ele rache ou fique mais dourado do que branquinho. Se o forno chega a 100 °C, asse os suspiros por 1h15 e, depois de desligar, deixe a assadeira lá dentro até que esfriem por completo.

Seu merengue começou a soltar um líquido transparente dentro do forno? É o açúcar que não ficou bem dissolvido nas claras e agora está derretendo. Não tem problema, o suspiro ainda vai estar gostoso. Da próxima vez, bata por mais tempo e tente se certificar de que o açúcar se dissolveu por completo.

Meu jeito favorito de comer suspiro é misturado com chantili e morango. É uma sobremesa que sempre preparo na época de abundância de morangos (dica para o Dia dos Pais, pessoal!). Se você quiser dar um toque a mais nos seus morangos, deixe-os marinando algumas horas antes ou de véspera em um pouco de açúcar, baunilha e vinagre balsâmico e guarde em um pote com boa vedação. Na hora de servir, escorra o líquido e misture os morangos ao chantili e aos suspiros. Não despreze o líquido que você escorreu. É uma delícia! Você pode usá-lo em drinques, por exemplo.

Agora, se o forno parte de temperaturas mais altas e não chega às mais baixas, antes de qualquer coisa, vou sugerir que você se conforme com isso. Não é o fim do mundo, ok? O suspiro ainda ficará delicioso, prometo! Mas aqui está o truque: ponha a assadeira no forno preaquecido, desligue-o e coloque alguma coisa (um pano de prato dobrado, por exemplo) para manter a porta entreaberta. Depois de 30 minutos, volte a ligar o forno por 5 minutos, sempre no mínimo e com a porta entreaberta, e desligue-o de novo. Repita mais uma vez depois de 30 minutos e deixe os suspiros no forno até que esfriem.

Merengue
VEGANO

É muito provável que você nunca tenha ouvido falar de aquafaba. Tudo bem, não fique chateado! Aquafaba é uma descoberta recente no mundo culinário, mas está revolucionando a cozinha vegana. E, afinal, o que é esse ingrediente? Trata-se do líquido do cozimento de leguminosas, com destaque para o grão-de-bico, o mais popular. Você deve estar pensando: "Oi?!?!". Mas é bem isso! A água que vem na lata do grão-de-bico também serve.

Também achei estranho de primeira, mas em questão de minutos vi que era uma coisa fantástica porque, na minha confeitaria, já conheci muita gente vegana ou pessoas com alergia a ovo, e que por isso não podem comer muitas coisas que, até então, só as claras podiam nos proporcionar. Você vai ver ao longo das receitas deste livro que claras são base para muitos e muitos biscoitos, e, além disso, são também base para musses, suflês e diversas outras preparações gastronômicas.

Quis aproveitar, então, para compartilhar esse conhecimento com você, pois um dia pode ser útil para um milhão de coisas!

1 xícara de grão-de-bico seco

3 xícaras de água + água para o molho

Coloque o grão-de-bico de molho em quantidade de água suficiente para cobri-lo e sobrar mais três dedos sobre ele. Deixe por, pelo menos, 6 h.

Descarte a água do demolho, enxágue os grãos e leve à panela de pressão com 3 xícaras de água. Cozinhe por 12 minutos após pegar pressão. Desligue o fogo e deixe a panela perder a pressão naturalmente enquanto esfria.

Tire da panela os grãos com a água e coloque-os juntos em um pote. Leve à geladeira e deixe por, no mínimo, 6 horas. Esse contato dos grãos com a água após o cozimento é importante para obter o efeito desejado.

Se for fazer suspiros simples, recomendo colocar um pouco de baunilha ou cobri-los com chocolate, pois o gosto não é totalmente neutro. Para outros biscoitos, como o gosto da aquafaba é suave, ele acaba se perdendo entre os outros ingredientes.

Escorra o grão-de-bico em uma tigela e meça a quantidade de água. Você deverá obter cerca de 1 xícara. Se tiver mais, leve ao fogo para evaporar o excesso. Agora é só usar essa água como se fosse as claras para fazer suspiros, biscoitos ou o que você tiver em mente. Uma clara equivale a 34 g de aquafaba ou 2 colheres (sopa) bem cheias.

Rugelach

MASSA

- 150 g de cream cheese frio*
- 150 g de manteiga fria* e cortada em cubos
- 2 colheres (sopa) (30 g) de açúcar (Sim! A massa é pouco doce, mas o recheio compensa, não se preocupe!)
- 1¼ xícara (150 g) de farinha de trigo
- açúcar de confeiteiro para polvilhar

RECHEIO 1

- 2 xícaras de oleaginosas (nozes, amêndoa, pistache etc.; um tipo ou uma combinação delas)
- 50 g de manteiga derretida
- ¼ de xícara de mel
- ¼ de xícara de açúcar

RECHEIO 2

- ¼ de xícara de açúcar
- ¼ de xícara de açúcar mascavo
- ½ colher (chá) de canela em pó
- 1 xícara de nozes
- ½ xícara de uvas-passas (ou outra fruta desidratada, como damasco, tâmara, figo seco)
- ½ xícara de geleia (gosto de usar uma não muito doce, como de damasco ou laranja)

Este biscoitinho de tradição judaica é bastante popular em Israel e em algumas regiões dos Estados Unidos. Inicialmente, tratava-se de uma massa semelhante à de pão, que levava fermento biológico e exigia um longo tempo de fermentação. Mas, a partir dos anos 1940, a receita foi se modernizando e tomou a forma atual, mais simples, o que ajudou a popularizar o doce.

Adoro este biscoito! A massa tem uma crocância delicada semelhante à do folhado, mas é mil vezes mais fácil de fazer. Esse resultado se consegue trabalhando a massa muito rápido, sem permitir que a manteiga gelada se misture totalmente aos outros ingredientes, ficando um pouco empelotada. São esses pelotes que no forno, deixam o biscoito crocante. Mas atenção: é muito importante o cream cheese e a manteiga estarem bem frios. Vale deixar um pouco no congelador antes de bater. Outra coisa legal é variar o recheio, por isso aqui dou duas opções.

Para ter 100% de sucesso com esta massa, é importante usar o processador. Coloque todos os ingredientes na tigela do processador. Pulse algumas vezes até a massa começar a se formar, mas ainda se manter bem granulosa. É uma textura que lembra um pouco a ricota (sei que é uma referência estranha, mas quando você vir a massa, entenderá).

Importante: não deixe bater até ficar homogênea. Se ficar homogênea é que passou do ponto e a textura já não vai ser a mesma quando assar.

Divida a massa em duas bolas, achate-as, envolva individualmente em filme de PVC e leve à geladeira por, pelo menos, 2 horas.

Nesse intervalo, aproveite para fazer seu recheio.

Para os recheios, processe todos os ingredientes juntos, até obter uma pasta, mas que ainda tenha pedacinhos.

Tire uma das massas da geladeira. Polvilhe a bancada, a superfície da massa e o rolo com um pouco de açúcar de confeiteiro. Reserve um pouco do açúcar para usar caso sinta que a massa começou a grudar. Abra a massa, se esforçando para deixá-la o mais redonda possível, até que fique com menos de 0,5 cm de espessura.

Espalhe o recheio escolhido sobre a massa, cobrindo totalmente o disco. Atenção: não seja muito generoso. No forno, o recheio derrete, escorre e queima em volta do biscoito. Passe a camada mais fina que conseguir.

Com uma faca ou um cortador de pizza bem afiado, corte a massa radialmente em 16 pedaços (como se fosse uma pizza, mas com o dobro de fatias). Enrole cada pedaço da parte mais larga em direção à ponta. Coloque em uma bandeja polvilhada com açúcar de confeiteiro, com a pontinha virada para baixo, tocando a bandeja. Repita o passo até terminar a massa. Leve a bandeja com os rolinhos de massa à geladeira por 20 minutos.

Enquanto os biscoitos resfriam, preaqueça o forno a 170 °C.

Coloque os biscoitos em uma assadeira forrada com papel-manteiga ou um tapete de silicone, deixando dois dedos de distância entre eles. Os rolinhos devem ficar na mesma posição que estavam na bandeja: com a pontinha escondida, para baixo. Asse os biscoitos por cerca de 20 a 25 minutos, ou até ficarem dourados. Deixe que esfriem antes de comer, pois o recheio quente é perigoso.

Lua
DE MEL

Talvez você já tenha comido estes biscoitos na casa de alguém ou até feito algumas vezes. Trata-se de um biscoito simples, bastante popular e muito gostoso, que vale a pena ser feito. Eu comia estes biscoitinhos na casa de uma amiga da minha família e sempre adorei. Uma vez pedi a receita e ela falou que ficava até sem graça de me passar por ser tão simples. Eu acho que não é vergonha nenhuma uma receita ser simples. Se for gostosa, é o que vale! Gostosa e simples? Melhor ainda!

MASSA

½ xícara (100 g) de açúcar

250 g de manteiga em temperatura ambiente

3²/₃ xícaras (chá) de farinha de trigo

½ colher (chá) de sal

açúcar de confeiteiro para cobrir os biscoitos

RECHEIO

½ xícara de mel (aproximadamente)

Com a ajuda de uma batedeira (se tiver uma planetária, use o batedor raquete), bata o açúcar e a manteiga até obter um creme fofo. Incorpore aos poucos a farinha e o sal. Se a massa estiver ficando muito pesada para a sua batedeira, prossiga com uma espátula ou com as mãos.

Forme uma bola com a massa, achate um pouco e envolva com filme de PVC. Leve à geladeira por, pelo menos, 30 minutos.

Preaqueça o forno a 180 °C. Abra a massa com um rolo até ficar com 0,5 cm de espessura. Com um cortador redondo (ou uma tampa de pote) ou em forma de meia-lua, corte a massa. Disponha as luas em uma assadeira. Não é necessário untar nem deixar muito espaço entre os biscoitos.

Leve ao forno por cerca de 10 minutos. Tire quando estiverem começando a dourar. Você não quer que eles fiquem dourados!

Deixe esfriar e grude os pares de biscoito com um pouco de mel. Passe, então, no açúcar de confeiteiro, tomando cuidado para não separar as metades. Guarde em um pote com boa vedação.

Para cortar a massa em forma de meia-lua usando um cortador redondo, primeiro corte um círculo na parte da massa aberta mais perto de você; em seguida, suba o cortador até a metade do círculo e corte novamente. A parte do segundo círculo acima do primeiro estará em forma de lua! Remova-a, coloque na assadeira e siga deslocando o cortador para cima e cortando sucessivamente. Lembre-se sempre de tirar cada lua quando cortar, senão no corte seguinte você vai estragar a anterior!

Digestive BISCUIT

É o biscoito mais consumido no Reino Unido. Foi criado por uma dupla de médicos escoceses no final do século XIX que acreditava que, por conter bicarbonato de sódio e fibras em sua composição, seria um facilitador da digestão – daí seu nome! Hoje em dia essa propriedade é questionada, mas sua popularidade perdura. Além da versão pura, que pode ser consumida sozinha ou com geleias, é muito famosa a versão recoberta de chocolate ao leite. Eu gosto muito deste biscoito porque é superfácil de fazer e fica bem gostoso.

- ¾ de xícara (65 g) de aveia em flocos finos
- ¾ de xícara (100 g) de farinha integral
- 75 g de manteiga fria e cortada em pedaços pequenos
- ¼ de xícara (45 g) de açúcar mascavo peneirado
- ½ colher (chá) de bicarbonato de sódio
- 1 colher (sopa) de leite, se necessário

Misture a aveia e a farinha em um bowl. Junte a manteiga e, com a ponta dos dedos, forme uma farofa. Incorpore o açúcar mascavo e o bicarbonato. Caso já forme uma massa uniforme, mesmo que firme, não precisa juntar o leite. Mas, se a massa ficar seca e esfarelar com facilidade, use o leite para dar liga.

Estenda uma camada de filme de PVC sobre a bancada. Coloque a massa sobre o plástico, achate um pouco com as mãos e cubra com outra camada de plástico. Com um rolo, abra a massa para que fique com cerca de 0,5 cm de espessura. Leve à geladeira por cerca de 15 a 20 minutos para que fique firme o suficiente para ser cortada.

Preaqueça o forno a 170 °C. Forre uma assadeira com papel-manteiga ou um tapete de silicone. Tire a massa da geladeira e, com um cortador (ou improvisando com uma tampa), corte discos de 5 a 6 cm de diâmetro. Conforme corta, coloque os discos na assadeira. Não precisa deixar muito espaço entre eles, pois estes biscoitos não crescem muito, cerca de 1 cm é o suficiente.

Leve ao forno por cerca de 10 minutos, ou até começarem a dourar nas bordas. Como a receita leva farinha integral e açúcar mascavo, é um pouco difícil perceber o dourado, fique atento! Deixe esfriar e conserve em potes com boa vedação.

Tuile de AMÊNDOA

Em francês, "tuile" quer dizer "telha". Este biscoito leva esse nome justamente porque seu formato se assemelha a uma telha. Existem várias versões de tuiles, doces ou salgadas, contudo, a mais clássica, sem sombra de dúvidas, é esta de amêndoa. Sirva acompanhando um café, fica delicioso e muito elegante!

- 50 g de manteiga derretida + um pouco para untar
- 4 claras
- ²/₃ de xícara (150 g) de açúcar
- ¼ de xícara (30 g) de farinha de trigo
- 2 xícaras (220 g) de amêndoa laminada

Misture a manteiga derretida (cuidado, não pode estar quente!), as claras, o açúcar e a farinha até obter uma massa líquida e homogênea. Leve à geladeira para firmar um pouco por, no mínimo, 1 hora. Ela ainda estará bem líquida quando esfriar, mas terá ganhado alguma consistência.

Preaqueça o forno a 170 °C. Escolha uma assadeira bem plana (se estiver embarrigada, a massa vai escorrer e o biscoito vai ficar com um formato estranho). Forre a assadeira com papel-manteiga ou um tapete de silicone e unte por cima com manteiga (este biscoito tende a grudar, mesmo em materiais que não grudam). Esse passo é importante porque você precisará desenformar os biscoitos com rapidez e, se eles estiverem meio grudados, vai perder minutinhos importantes.

Com uma colher de sobremesa, pegue uma porção de massa e despeje na assadeira. Com a parte de trás da colher, espalhe a massa formando um disco fino. Disponha as amêndoas laminadas sobre o disco de forma que elas não fiquem sobrepostas. Repita o passo com o restante da massa, lembrando de pingar com certa distância do disco vizinho, pois você vai espalhar a massa.

Leve ao forno por cerca de 10 a 12 minutos, ou até estarem dourados por inteiro. Lembre-se de girar a assadeira 180° na metade do tempo para que assem por igual.

Enquanto espera os biscoitos assarem, organize o local onde você vai moldar suas tuiles. Para dar forma a elas, vale rolo de macarrão, rolo de papel-alumínio... Use sua criatividade. Deixe tudo à mão, pois, uma vez que os biscoitos ficarem prontos, você vai ter que agir com rapidez. Separe também uma espátula.

Assim que os biscoitos estiverem assados, com eles ainda quentes, recém-saídos do forno, tire-os da assadeira, um a um, e posicione-os sobre o rolo, sempre com as amêndoas para cima. Ao moldar, se necessário, faça uma leve pressão com as mãos para que fiquem no formato desejado. Deixe que esfriem nessa posição.

Conserve em pote com boa vedação.

Sinceramente, acho que a espessura ideal da massa é algo que se aprende errando. A primeira fornada que fiz ficou muito grossa. Na segunda, exagerei na correção e ficaram finíssimas. O que recomendo, portanto, é que, na primeira vez que for fazer esta receita, faça um ou dois discos, asse, veja como ficou e ajuste se necessário. Assim você vai entender qual a espessura ideal para o restante da massa.

Esta é mais uma daquelas receitas básicas que dá para inventar mil coisas. Experimente trocar as amêndoas laminadas por lascas de castanha-do-pará e adicionar raspas de limão à massa. Fica incrível!

Sablé
DIAMANT

Este é um biscoitinho fácil de fazer, com uma apresentação bonita, além de um nome chique para você impressionar seus convidados com algo simples.

É um biscoito francês que tem esse nome por causa da sua textura, que desmancha, e da sua aparência, que, graças ao açúcar cristal, lembra pedras preciosas incrustadas.

200 g de manteiga fria e cortada em cubos pequenos

1 1/2 xícara (300 g) de farinha de trigo

3/4 de xícara (100 g) de açúcar de confeiteiro

1 colher (sopa) (10 g) de amido de milho

1/2 colher (chá) de sal

1/2 xícara de açúcar cristal para o acabamento

Coloque a manteiga fria e a farinha em uma tigela. Trabalhe rapidamente os ingredientes com a ponta dos dedos até obter uma farofa. Junte o açúcar, o amido e o sal e amasse até a massa ficar homogênea, sempre trabalhando com agilidade para evitar o derretimento excessivo da manteiga.

Divida a massa em quatro ou cinco porções e faça rolinhos com 2 a 2,5 cm de diâmetro (equivalente a uma moeda). Embrulhe cada rolinho em filme de PVC e leve à geladeira por, no mínimo, 1 hora.

Preaqueça o forno a 180 °C.

Polvilhe uma superfície com uma quantidade generosa de açúcar cristal. Retire um rolinho por vez da geladeira, assim os demais não amolecem. Com as mãos umedecidas, molhe levemente a superfície do rolinho com água e role-o sobre o açúcar, fazendo uma leve pressão para que os grãos fiquem bem aderidos à massa. Corte discos de 0,5 cm de espessura e distribua-os sobre uma assadeira forrada com papel-manteiga ou um tapete de silicone. Este biscoito não vai crescer muito, então não precisa deixar muito espaço entre os discos. Repita o procedimento com todos os rolinhos de massa.

Leve ao forno por aproximadamente 10 minutos, ou até começarem a dourar nas bordas (apenas bem nas bordas, o centro do biscoito permanece branquinho).

Esta é uma massa bem básica. Você pode saborizá-la com extratos, como de baunilha ou amêndoa, raspas de limão ou laranja, além de fazer o acabamento com o açúcar misturado com outros ingredientes, por exemplo, canela.

Sequilho
DE COCO

Sequilho é aquele biscoitinho amanteigado branquinho, que derrete na boca. Sua textura, tão especial, se deve ao fato de não conter farinha de trigo, e, portanto, glúten. Geralmente o ingrediente seco principal é o polvilho.

Aprendi esta receita há pouco tempo, em uma aula sobre polvilho ministrada pela grande chef Heloisa Bacellar, do Lá da Venda, e organizada pela Ailin Aleixo, do portal Gastrolândia. Eu me apaixonei pelos biscoitos assim que provei. Ainda não estava trabalhando no livro, mas, logo que comecei, pensei em compartilhar com vocês.

- 125 g de manteiga em temperatura ambiente
- 1½ xícara (300 g) de açúcar
- 1 ovo
- ½ xícara (115 g) de leite de coco
- 1 xícara (100 g) de coco seco ralado
- 4 xícaras (600 g) de polvilho doce*
- óleo ou manteiga para untar (opcional)

* Atenção: diferentes polvilhos absorvem quantidades de umidade distintas. É possível que você não precise usar todo o polvilho indicado na receita, ou tenha de usar um pouquinho a mais. Por isso, coloque aos poucos e veja o ponto, ok?

Preaqueça o forno a 180 °C.

Coloque a manteiga e o açúcar no bowl da batedeira (se tiver uma planetária, use o batedor raquete) e bata até obter um creme fofo e aerado. Junte o ovo e o leite de coco e siga batendo até homogeneizar. Incorpore o coco ralado. Junte o polvilho aos poucos, até que a massa fique firme e comece a desgrudar da tigela.

Pegue uma porção de massa e enrole sobre a bancada, formando uma "minhoca" da grossura de um dedão. Corte em pedacinhos com aproximadamente 2 cm de espessura. Coloque os pedacinhos em uma assadeira forrada com papel-manteiga ou um tapete de silicone, ou então untada com óleo ou manteiga. Achate os pedacinhos de massa com os dentes de um garfo.

Leve ao forno por cerca de 15 minutos, ou até que eles comecem a dourar. (Apenas comecem, lembre-se de que sequilhos são branquelinhos.) Deixe esfriar. Armazene em um pote com boa vedação.

Vanillekipferl

Este é um biscoitinho alemão muito popular por lá, tanto que sua imagem estampa as embalagens de essência de baunilha, um de seus ingredientes mais marcantes. Não se deixe assustar pelo nome estranho. É um biscoito fácil de fazer e muito gostoso!

- 200 g de manteiga gelada e cortada em pedaços pequenos
- 2 xícaras (250 g) de farinha de trigo
- 1 xícara (100 g) de farinha de amêndoa
- ½ xícara (100 g) de açúcar
- 1 colher (sopa) de extrato ou essência de baunilha
- ½ xícara de açúcar de confeiteiro para envolver os biscoitos prontos

Coloque a manteiga gelada e a farinha de trigo na tigela do processador e pulse algumas vezes até obter uma farofa. Se for trabalhar com as mãos, coloque os mesmos ingredientes em um bowl e use a ponta dos dedos para fazer a farofa. Acrescente o restante dos ingredientes, exceto o açúcar de confeiteiro, e trabalhe a massa até ficar homogênea. Cubra com filme de PVC e leve à geladeira por 30 minutos.

Preaqueça o forno a 170 °C.

Tire a massa da geladeira. Divida em bolas de mais ou menos 8 cm de diâmetro. Enrole a massa formando "cobrinhas" da espessura de um dedo indicador. Corte as cobrinhas com cerca de 5 cm de comprimento. Curve a massinha, fazendo um formato de meia-lua.

Coloque em uma assadeira forrada com papel-manteiga ou um tapete de silicone. Não precisa deixar muito espaço entre os biscoitos, pois eles não vão crescer nem espalhar muito. Leve ao forno por 15 minutos, ou até começarem a dourar nas bordas.

Tire do forno, deixe esfriar por cerca de 3 minutos, apenas o suficiente para você conseguir manipulá-los. Despeje o açúcar de confeiteiro peneirado em uma tigela. Coloque os biscoitinhos na tigela com açúcar, em grupos de três a cinco unidades por vez, e chacoalhe delicadamente até que estejam cobertos. Deixe esfriar completamente e guarde em um pote com boa vedação.

Polvorón

Este biscoito é muito tradicional na Espanha, especialmente na época das festas de fim de ano. Seu nome deriva da palavra "polvo", que quer dizer "pó" em castelhano, pois é um biscoito que se esmigalha facilmente.

A versão mais tradicional leva banha, mas, como não temos o hábito de ter esse ingrediente em casa, optei por apresentar uma versão com manteiga no lugar.

O que dá o toque especial a esta receita, diferindo de todos os outros amanteigados que já provei, é o fato de a farinha ser tostada antes de ser incorporada à massa. Isso garante um sabor único e delicioso, além de trazer a tal textura tão quebradiça.

Aliás, por se desmanchar com tanta facilidade, este biscoito costuma ser embalado em papel-manteiga torcido como a embalagem de uma bala. Isso, além de segurar o biscoito inteiro no pacote, facilita a contenção das migalhas na hora de comer.

- 2 xícaras (240 g) de farinha de trigo + um pouco para polvilhar (opcional)
- ½ xícara (50 g) de farinha de amêndoa
- 200 g de manteiga em temperatura ambiente
- ¾ de xícara (150 g) de açúcar de confeiteiro + ⅓ de xícara para polvilhar + um pouco para polvilhar a superfície (opcional)
- 1 colher (chá) de bicarbonato de sódio
- ½ colher (chá) de canela em pó

Aqueça o forno a 160 °C.

Misture a farinha de trigo e a de amêndoa, despeje em uma assadeira e espalhe para formar uma camada homogênea. Leve ao forno por 15 minutos, retirando de vez em quando para misturar e garantir que toste de maneira uniforme. Você deverá obter uma farofa dourada. Desligue o forno, retire a assadeira e deixe a farofa esfriar completamente.

Coloque a manteiga e 150 g de açúcar de confeiteiro peneirado no bowl da batedeira (se tiver uma planetária, use o batedor raquete) e bata até conseguir um creme fofo. Adicione os demais ingredientes e misture até obter uma massa homogênea. Essa massa fica com uma textura diferente, um pouco mais seca e quebradiça. Não estranhe!

Faça uma bola com a massa e achate com as mãos, formando um disco grosso. Envolva em filme de PVC e leve à geladeira por 20 minutos.

Preaqueça o forno a 180 °C.

Retire a massa da geladeira. Com um rolo, abra a massa, em uma bancada forrada com um tapete de silicone ou levemente polvilhada com farinha ou açúcar de confeiteiro, até que fique com aproximadamente 1 cm de espessura. Corte discos de massa usando um cortador com diâmetro de cerca de 4 cm.

Coloque os discos em uma assadeira forrada com papel-manteiga ou um tapete de silicone. Asse os biscoitos por cerca de 10 a 15 minutos, ou até começarem a dourar. Retire do forno e polvilhe imediatamente com açúcar de confeiteiro peneirado.

Deixe esfriar completamente. Se quiser, embrulhe em quadrados de papel-manteiga. Conserve em um pote com boa vedação.

Macaron

2 xícaras (250 g) de açúcar de confeiteiro

1 2/3 xícara (160 g) de farinha de amêndoa (a mais fina que você conseguir)

20 g de cacau em pó (opcional, usado para macaron de chocolate)

4 claras (130 g) em temperatura ambiente (para esta receita, se você tiver como pesar, é mais garantido)

1/3 de xícara (60 g) de açúcar

corante (opcional)

café em pó solúvel (opcional, usado para macaron de café)

Macaron é o nome francês dado aos biscoitinhos à base de farinha de amêndoa e clara, com ou sem recheio. O mais popular, com dois biscoitos bem lisinhos unidos por uma camada de recheio, é apenas um dos tipos existentes.

A tradição conta que Catarina de Médici, nobre italiana que viria a se tornar rainha da França, gostava muito dos biscoitos de amêndoa tradicionais da Toscana e introduziu-os aos costumes da corte francesa. Com o passar dos anos, a receita foi se espalhando pelo território do país, onde ganhou variadas versões.

O popular macaron recheado, com o qual estamos mais familiarizados, foi criado no início do século XX, pela Maison Ladurée, tradicional confeitaria de Paris famosa mundialmente pelos seus doces.

Tenho um problema pessoal com corantes, sou superalérgica a alguns, por isso você encontrará a seguir macarons sem corantes, ok?

Já vou adiantar que esta é uma receita que exige mais cuidado com detalhes do que a média das receitas de biscoito e que os resultados podem não ser tão incríveis, pois o forno doméstico é menos preciso do que seria recomendável para a cocção perfeita de macarons. Talvez seus macarons não saiam tão lindos, mas garanto que ficarão deliciosos, certo?

Meus macarons favoritos

Passei uma temporada em Paris enquanto estava estudando na École Lenôtre, em 2011. Na época, para me divertir, resolvi fazer um teste com os macarons mais famosos da cidade.

Comprei, em quatro endereços diferentes, os mesmo quatro sabores de macaron: framboesa, café, pistache e chocolate. Sabores clássicos e meus favoritos. Provei todos e fiz meu ranking:

1º Gérard Mulot – meu preferido disparado (que também faz um crème brûlée maravilhoso, #ficaadica)

2º Maison Ladurée

3º Dalloyau

4º Pierre Hermé – pode parecer surpreendente, dado que é um dos mais famosos, e tido por muitos como o melhor. Mas, sinceramente, achei que o recheio se sobrepunha muito às bolachinhas, ficando, na minha modesta opinião, desequilibrado.

Misture o açúcar de confeiteiro e a farinha de amêndoa e peneire-os. Para fazer macaron de chocolate, junte 20 g de cacau em pó peneirado à mistura de farinha de amêndoa e açúcar de confeiteiro. Este passo é importantíssimo, pois garantirá que você não tenha pedaços de amêndoa maiores nem grumos de açúcar ou farinha, que podem dar mais trabalho para dissolver na massa, tornando necessário bater por mais tempo e, possivelmente, fazendo com que a massa desande.

Coloque as claras no bowl da batedeira (se tiver uma planetária, use o batedor globo de arame). Bata em velocidade média e, quando começar a espumar, adicione aos poucos o açúcar. Bata as claras até chegar ao ponto de neve firme, mas cuidado para não passar do ponto.

Se for adicionar corante, incorpore agora, mexendo delicadamente com uma espátula. Se for fazer macaron de café, você pode dissolver um pouco de café solúvel em um mínimo de água, obtendo assim uma pasta de café, que deverá ser incorporada nesse momento.

Adicione aos poucos a mistura peneirada de açúcar e farinha de amêndoa, mexendo suavemente com uma espátula e fazendo movimentos circulares abrangentes, que envolvam a massa de baixo para cima, raspando o fundo do bowl e subindo. É importante ser delicado nesse momento para não destruir muitas bolhas de ar incorporadas à clara.

Se você tiver um tapete de silicone sobrando e duas assadeiras mais ou menos do mesmo tamanho, forre uma delas com o tapete e coloque a outra por cima, forrada com mais um tapete ou uma folha de papel-manteiga. Esse sanduíche de fôrmas e tapete de silicone vai distribuir melhor o calor, fazendo com que ele incida de forma menos direta e mais homogênea na parte de baixo dos macarons.

Coloque a massa em um saco de confeitar ou saco de congelar com um canto cortado e pingue a massa, formando discos. Bata a assadeira contra a bancada umas duas ou três vezes para achatar um pouco os macarons e, principalmente, fazer com que bolhas de ar maiores estourem.

Preaqueça o forno a 190 °C. Deixe os macarons repousando na assadeira por cerca de 15 minutos para que sua superfície seque um pouco. Coloque os macarons no forno, deixe a porta entreaberta com a ajuda de um pano de prato dobrado e reduza a temperatura para 160 °C. O choque térmico é um dos responsáveis pela formação do pied ("pé", em francês), aquela parte crespa da base do biscoito, essencial em um macaron bem-feito. Asse por aproximadamente 10 a 15 minutos, dependendo do seu forno. Deixe os macarons esfriarem antes de rechear.

(continua)

Recheios
DE MACARON

Para montar o macaron, separe os biscoitinhos, dois a dois, escolhendo os que têm tamanho mais compatível. Coloque um com a parte reta para cima e o outro com ela para baixo. Encha um saco de confeitar com o recheio escolhido. Pingue o recheio no centro do macaron que está com a parte reta para cima, sem deixar que chegue nas bordas. Cubra com o outro biscoito, pressionando levemente. Você pode usar uma colher de chá para fazer esse procedimento. Conserve os macarons na geladeira ou no congelador.

GANACHE

1/3 de xícara (80 g) de creme de leite fresco

170 g de chocolate meio amargo picado grosseiramente

CREME DE MANTEIGA

1 xícara (200 g) de açúcar

água para cobrir o açúcar

3 claras (100 g)

300 g de manteiga em temperatura ambiente e picada em cubinhos

purê, suco concentrado de frutas, alguma essência ou especiarias (qualquer ingrediente para saborizar, à sua escolha)

GANACHE

Leve o creme de leite à fervura e despeje sobre o chocolate picado. Mexa até derreter completamente. Deixe esfriar por alguns minutos até que fique mais consistente.

CREME DE MANTEIGA

Despeje o açúcar em uma panela e junte água até cobrir. Leve ao fogo. Coloque as claras no bowl da batedeira (se tiver uma planetária, use o batedor globo de arame) e, enquanto a calda de açúcar ferve, comece a bater em velocidade média.

Quando a calda de açúcar atingir o ponto de bala dura (121 °C), retire do fogo e verta cuidadosamente no bowl da batedeira em funcionamento, de forma que a calda escorra pela parede interna do bowl. Isso é importante porque, se a calda pegar no batedor em movimento, o açúcar quente poderá voar e queimar você. Aumente a velocidade para a máxima e deixe bater até esfriar.

Ainda com a batedeira em funcionamento, junte aos poucos os cubinhos de manteiga e bata até estarem completamente incorporados ao creme. Junte delicadamente o saborizante escolhido, com a ajuda de uma espátula.

Ma'amoul

Esta é uma receita típica do Líbano, normalmente preparada para a época da Páscoa. Aprendi a fazer ma'amoul quando estudei na Argentina e, ao voltar para o Brasil, tornou-se o biscoito favorito da Carol, minha irmã.

Existe um utensílio de madeira próprio para moldar estes biscoitos – ganhei um da minha mãe depois que minha irmã ficou louca pelo docinho –, mas você pode fazer à mão mesmo que também dá certo.

MASSA

1½ xícara (185 g) de farinha de trigo + um pouco para polvilhar

1 xícara (110 g) de amido de milho

200 g de manteiga gelada e cortada em cubos pequenos

1 gema

¼ de xícara (50 g) de açúcar

açúcar de confeiteiro para polvilhar

RECHEIO

1½ xícara de tâmara*, sem caroço

½ xícara de nozes, descascadas

1 colher (chá) de água de flor de laranjeira (opcional)

1 colher (chá) de canela em pó (opcional)

1 colher (sopa) de manteiga derretida

* Se as tâmaras estiverem muito duras, coloque de molho em água quente por alguns minutos para que amoleçam.

Misture a farinha e o amido em uma tigela. Adicione a manteiga gelada e, trabalhando com a ponta dos dedos, forme uma farofa. Junte a gema e o açúcar e trabalhe a massa o mínimo possível até que fique homogênea. Faça uma bola, achate e embrulhe com filme de PVC. Leve à geladeira por, pelo menos, 30 minutos.

Enquanto isso, bata no processador todos os ingredientes do recheio até quase virarem uma pasta grossa.

Preaqueça o forno a 180 °C. Tire a massa da geladeira e abra em uma superfície levemente enfarinhada até que fique com espessura de, aproximadamente, 0,5 cm. Corte discos de cerca de 5 cm de diâmetro. Enfarinhe o molde (ou suas mãos, se estas forem seu molde) e acomode um disco de massa, pressionando levemente para que se ajuste. Coloque uma colherada de recheio no centro. Tampe com outro disco e pressione as bordas para que selem. Coloque o biscoito na assadeira com o lado reto para baixo e o gordinho para cima. Repita o procedimento com toda a massa.

Leve ao forno por cerca de 15 minutos, ou até que comecem a dourar levemente. Após tirar do forno, polvilhe com açúcar de confeiteiro enquanto ainda estiverem quentes.

Crie suas opções de recheio: adoro figo seco com nozes, amêndoa e um toque de mel, por exemplo. Uva-passa, damasco e castanha-do-pará é uma combinação que também dá supercerto.

Francisquito

Para mim, o francisquito é um biscoito que tem gosto de infância. Explico: a família do meu avô paterno é meu lado mais brasileiro. Ele nasceu em Corumbá, no Mato Grosso do Sul. E, graças à minha bisavó, conheci várias receitas daquela região, que ela preparava para lancharmos à tarde, quando a visitávamos. O francisquito era uma delas, e não consigo ler ou dizer o nome do biscoito sem imitar seu sotaque: "fráncixquito", com "a" bem aberto e um "x" no lugar do "s".

Foi meu pai quem pediu que incluísse esta receita no livro. O problema é que Dona Nenela, como minha bisavó era conhecida, era uma pessoa avessa a livros ou cadernos de receita. Fazia tudo a olho. Mas, depois de uma longa investigação familiar feita com minhas tias e as primas do meu avô, consegui chegar a esta receita, que fica do jeitinho dos biscoitos que tenho na memória.

⅓ de xícara (66 g) de açúcar

40 g de manteiga em temperatura ambiente + um pouco para untar

1 xícara (125 g) de farinha de trigo

1 colher (sopa) de fermento químico em pó

1 ovo

raspas da casca de 1 limão (opcional)

1 colher (sopa) de semente de erva-doce (opcional)

1 colher (sopa) de leite, se necessário

óleo para untar (opcional)

Preaqueça o forno a 180 °C.

Em uma tigela, misture o açúcar e a manteiga, até virar um creme. Não é necessário bater, só misturar mesmo. Adicione a farinha e o fermento e mexa com as mãos. Você vai obter uma farofa.

Quebre o ovo em uma tigelinha e bata só o suficiente para misturar clara e gema. Se for usar as raspas de limão ou a erva-doce, misture ao ovo. Incorpore o ovo à farofa, mexendo primeiro com um garfo e depois com as mãos até obter uma massa.

Na maioria das vezes, a massa ainda fica muito seca nesse estágio, sendo necessário adicionar leite. Mas isso varia um pouco de acordo com a farinha e o tamanho do ovo. O intuito é obter uma massa firme, mas que seja possível fazer bolinhas sem ficar despedaçando.

Unte uma assadeira com manteiga ou óleo, ou então forre-a com papel-manteiga ou um tapete de silicone. Molde os biscoitos em um formato parecido com coxinhas, mas menores. Com uma faca, faça um corte na parte mais gordinha e separe parcialmente os dois lados, mas de forma que ele fique dividido em cima e ainda preso pela parte pontuda do biscoito, como um coração.

Coloque na assadeira deixando dois dedos de espaço entre eles. Leve ao forno por aproximadamente 15 a 20 minutos, até ficarem bem dourados.

Alfajor
MARPLATENSE

Pode parecer surpreendente, mas a palavra "alfajor" vem do árabe "al-hasú", que quer dizer "recheio". Os alfajores surgiram na Espanha, na região da Andaluzia, no período da dominação moura. São doces à base de amêndoa, mel e especiarias, que existem por lá até hoje. Quando os espanhóis conquistaram parte da América, trouxeram com eles esses doces. Acontece que a matéria-prima não era encontrada aqui no continente e ficava muito caro e complicado importar algo tão supérfluo. Sendo assim, foram adaptando com os ingredientes locais, até chegarmos aos alfajores que conhecemos. Legal, não é? Fiquei fascinada com essa história quando li pela primeira vez.

Outra coisa interessante sobre esse biscoito é que existe uma grande variedade de tipos: com massa mais crocante ou mais macia, com ou sem chocolate, até com coco ralado. Os doces com que estamos mais familiarizados são típicos da cidade de Mar del Plata, na Argentina, por isso o nome "marplatense".

BISCOITO

200 g de manteiga em temperatura ambiente + um pouco para untar

¾ de xícara (150 g) de açúcar

2½ colheres (sopa) (50 g) de mel

1 ovo

3¼ xícaras (400 g) de farinha de trigo + um pouco para polvilhar

¾ de xícara (100 g) de amido de milho

½ colher (chá) de sal

1 colher (sopa) de fermento químico em pó

1 colher (chá) de bicarbonato de sódio

1 colher (sopa) de cacau em pó

raspas da casca de 1 laranja

RECHEIO

doce de leite pastoso e firme*

COBERTURA

170 g de chocolate meio amargo

50 g de manteiga

* Para o recheio, é ideal que o doce de leite seja firme o suficiente para não escorrer quando mordemos os biscoitos. É um ponto semelhante ao de enrolar brigadeiro.

Com a ajuda de uma batedeira (se tiver uma planetária, use o batedor raquete), bata a manteiga com o açúcar e o mel até obter um creme fofo. Junte o ovo e siga batendo até incorporar.

Enquanto isso, misture em uma tigela a farinha, o amido, o sal, o fermento, o bicarbonato, o cacau e as raspas de laranja. Despeje, aos poucos, a mistura de farinha no creme de manteiga. Caso a massa fique muito pesada para a sua batedeira, incorpore com a ajuda de uma espátula ou com as mãos. Forme uma bola de massa, achate um pouco, envolva em filme de PVC e leve à geladeira por, no mínimo, 1 hora.

Preaqueça o forno a 190 °C. Unte uma assadeira com manteiga ou forre com papel-manteiga ou um tapete de silicone. Tire a massa da geladeira, polvilhe com um pouco de farinha e abra com um rolo até obter a espessura de 0,5 cm. Com um cortador (ou a tampa de algum potinho), corte discos de 5 ou 6 cm e distribua-os sobre a assadeira, deixando dois dedos de espaço entre eles para que cresçam.

Leve ao forno por 10 minutos, girando a assadeira 180° na metade do tempo para garantir que assem uniformemente. É um pouco difícil ver o ponto da massa assada, pois ela não fica dourada. Eu recomendo assar um ou dois disquinhos, verificar e adequar o tempo para os demais. O biscoito deverá ficar com uma textura relativamente macia. Não é um biscoito muito crocante.

Espere que os biscoitos esfriem completamente ou pelo menos quase totalmente antes de rechear. Ponha o doce de leite em um saco de confeitar ou em um saquinho de congelar com uma ponta cortada. Se estiver difícil de rechear com o doce de leite tão firme, aqueça um pouquinho, só para facilitar.

Um truque na hora de rechear o alfajor e ter um resultado com aparência profissional, retinho em cima e embaixo, é colocar o recheio na parte do biscoito que ficou para cima quando assou e cobrir com o segundo biscoito também fazendo com que sua parte de cima toque o doce de leite. Dessa maneira as partes retas dos dois biscoitos, que estavam em contato com a assadeira, ficarão na parte externa do alfajor, deixando-o com o acabamento perfeito.

Coloque o doce de leite sobre o biscoito sem chegar até a borda. Cubra com o outro biscoito e faça uma leve pressão, para que o doce chegue até a borda. Prossiga até completar todas as duplas e reserve na geladeira para firmar.

Enquanto isso, prepare a cobertura. Coloque o chocolate picado e a manteiga em banho-maria, mexendo de vez em quando até derreterem e formarem uma mistura homogênea.

Tire os biscoitos recheados da geladeira. Passe delicadamente o dedo indicador ao longo da lateral dos biscoitos, na parte do recheio, para retirar o excedente e deixar uniforme. Mergulhe cada "sanduíche" de biscoito no chocolate e remova com a ajuda de um garfo, chacoalhando um pouco para que o excesso de calda escorra.

Apoie o alfajor em uma folha de papel-manteiga ou um tapete de silicone e aguarde até a calda se solidificar. Sirva ou embrulhe em papel-chumbo ou papel-celofane e conserve em um pote com boa vedação.

Meus
BISCOITOS

Triple CHOCOLATE COOKIE

Esta foi a receita que mudou a minha vida! Quer dizer, foi uma receita parecida, pois aqui já temos os meus toques pessoais. Era esta a receita de cookies que eu levava para o pessoal do escritório onde trabalhei e, possivelmente, foi graças a ela que mudei meu rumo de economista para confeiteira.

100 g de manteiga

100 g de chocolate meio amargo

1½ xícara (300 g) de açúcar

2 ovos

1 xícara (120 g) de farinha de trigo

½ xícara de cacau em pó

½ colher (chá) de fermento químico em pó

½ colher (chá) de bicarbonato de sódio

½ colher (chá) de sal

70 g de gotas de chocolate meio amargo ou chocolate meio amargo picado em pedaços pequenos

70 g de gotas de chocolate branco ou chocolate branco picado em pedaços pequenos

Coloque a manteiga e os 100 g de chocolate em uma tigela e leve ao banho-maria, mexendo de vez em quando, até obter uma mistura lisinha. Se quiser acelerar o processo, pode aquecer no micro-ondas, programando intervalos de 30 em 30 segundos e mexendo até que derreta.

Preaqueça o forno a 170 °C.

Despeje o chocolate derretido no bowl da batedeira (se tiver uma planetária, use o batedor raquete), adicione o açúcar e bata em velocidade média até obter uma mistura homogênea. Acrescente os ovos, um por vez, e siga batendo em velocidade média até a massa incorporar um pouco de ar e ficar com aparência fofa.

Enquanto isso, em outra tigela, misture a farinha, o cacau em pó peneirado, o fermento, o bicarbonato e o sal. Adicione aos poucos a mistura de farinha à massa, batendo em velocidade baixa até ficar homogênea. Incorpore as gotas de chocolate com uma espátula e misture à mão até que estejam bem distribuídas na massa.

Forre uma assadeira com papel-manteiga ou um tapete de silicone. Com a ajuda de uma colher dosadora ou duas colheres de sobremesa, coloque montinhos de massa sobre a assadeira, deixando bastante espaço entre eles, pois vão achatar e crescer durante a cocção.

Asse por 12 minutos, ou até começarem a rachar na superfície. Lembre-se de girar a assadeira 180° na metade do tempo para garantir que os biscoitos assem de forma uniforme. Tire do forno e deixe esfriar. Retire da assadeira com a ajuda de uma espátula. Guarde em um pote com boa vedação.

Biscoito de chocolate COM COINTREAU E LARANJA CRISTALIZADA

- 100 g de manteiga
- 100 g de chocolate meio amargo
- 1¼ xícara (250 g) de açúcar
- 2 ovos
- 1¼ xícara (150 g) de farinha de trigo
- ⅔ de xícara (80 g) de cacau em pó
- ½ colher (chá) de fermento químico em pó
- ½ colher (chá) de bicarbonato de sódio
- ½ colher (chá) de sal
- ¾ de xícara (180 ml) de Cointreau (licor de laranja)
- 100 g de casquinha de laranja cristalizada
- ½ xícara de açúcar cristal para o acabamento

Preparo este biscoito em minha confeitaria todo mês de agosto. É uma homenagem ao Dia dos Pais, e o criei pensando no meu pai, que sempre gostou muito de chocolate amargo com laranja. Quando pequena, eu não gostava muito dessa combinação, mas hoje é uma das minhas preferidas.

Coloque a manteiga e o chocolate em uma tigela e leve ao banho-maria, mexendo de vez em quando, até obter uma mistura lisinha. Se quiser acelerar o processo, pode aquecer no micro-ondas, colocando em intervalos de 30 em 30 segundos e mexendo até que derreta.

Despeje o chocolate derretido no bowl da batedeira (se tiver uma planetária, use o batedor raquete), adicione o açúcar e bata em velocidade média até obter uma mistura homogênea. Acrescente os ovos, um por vez, e siga batendo em velocidade média até a massa incorporar um pouco de ar e ficar com aparência fofa.

Enquanto isso, em outra tigela, misture a farinha, o cacau em pó peneirado, o fermento, o bicarbonato e o sal. Sem desligar a batedeira, verta delicadamente o Cointreau de forma que o líquido escorra pela parede interna do bowl. Adicione aos poucos a mistura de farinha à massa e continue batendo em velocidade baixa até ficar homogênea.

Cubra a massa com filme de PVC e leve à geladeira por 30 minutos, ou até ficar firme o suficiente para moldar em bolinhas.

Preaqueça o forno a 170 °C.

Tire a massa da geladeira. Com uma colher dosadora ou uma colher (sobremesa), pegue uma porção de massa do tamanho de uma noz e enrole com a palma das mãos, como um brigadeiro. Role-a no açúcar cristal para cobrir e coloque em uma assadeira forrada com papel-manteiga ou um tapete de silicone. Deixe espaço entre as bolinhas para que possam crescer e se espalhar.

Coloque uma tirinha de laranja sobre cada bolinha, pressionando levemente para firmar. Se necessário, corte as tirinhas de laranja para que fiquem com comprimento de aproximadamente 5 cm.

Leve ao forno por aproximadamente 15 minutos, ou até que estejam com a superfície rachada. Deixe esfriar antes de tirar da assadeira. Conserve em um pote com boa vedação.

Cookie de CARAMELO

Esta receita é derivada do triple chocolate cookie. Evandro, meu marido, cismou que eu precisava fazer um cookie de chocolate recheado com os caramelos artesanais que produzo. Eu fiz algumas tentativas não muito bem-sucedidas, mas ele insistiu para que eu não desistisse e foi além: pesquisou sobre o tema até encontrar a solução para as dificuldades que eu havia tido nos primeiros testes. E aqui está o resultado!

100 g de manteiga
100 g de chocolate meio amargo
1½ xícara (300 g) de açúcar
2 ovos
1 xícara (120 g) de farinha de trigo
½ xícara de cacau em pó
½ colher (chá) de fermento químico em pó
½ colher (chá) de bicarbonato de sódio
½ colher (chá) de sal
70 g de chocolate meio amargo em gotas ou picado em pedaços pequenos
balas de caramelo tipo Toffee

Coloque a manteiga e os 100 g de chocolate em uma tigela e leve ao banho-maria, mexendo de vez em quando, até obter uma mistura lisinha. Se quiser acelerar o processo, pode aquecer no micro-ondas, colocando em intervalos de 30 em 30 segundos e mexendo até que derreta.

Despeje o chocolate derretido no bowl da batedeira (se tiver uma planetária, use o batedor raquete), adicione o açúcar e bata em velocidade média até obter uma mistura homogênea. Acrescente os ovos, um por vez, e siga batendo em velocidade média até a massa incorporar um pouco de ar e ficar com aparência fofa.

Enquanto isso, em outra tigela, misture a farinha, o cacau em pó peneirado, o fermento, o bicarbonato e o sal. Adicione aos poucos a mistura de farinha à massa, batendo em velocidade baixa até ficar homogênea. Incorpore as gotas de chocolate com uma espátula e misture à mão até que estejam bem distribuídas na massa.

Cubra a massa com filme de PVC e leve à geladeira por 30 minutos para que firme um pouco. Importante: a intenção não é que ela fique dura como pedra, só precisa ganhar um pouco mais de consistência.

Forre uma assadeira ou travessa com filme de PVC. Retire a massa da geladeira, pegue uma porção do tamanho de uma noz e achate na palma da mão. Coloque a bala toffee no centro do disco de massa e envolva-a. Role a bolinha entre a palma das mãos, como um brigadeiro, e coloque-a na travessa forrada com o filme. Repita o passo com o restante da massa. Coloque as bolinhas na geladeira para que firmem. Neste ponto não tem problema se ficarem duras.

Preaqueça o forno a 170 °C. Forre outra assadeira com papel-manteiga ou um tapete de silicone. Disponha as bolinhas de massa na assadeira, deixando bastante espaço entre elas, pois vão se espalhar e crescer. Leve ao forno por cerca de 12 a 15 minutos, ou até a massa estar com aparência rachada e o caramelo começar a escorrer pelas frestas. Retire do forno e deixe esfriar completamente antes de remover os biscoitos com uma espátula.

Os biscoitos grudam uns nos outros por conta do caramelo. Então, se for armazenar em camadas, coloque papel-manteiga ou filme de PVC entre elas.

Este biscoito é trabalhoso e difícil de conservar. Normalmente o que faço é bater a massa, reservar uma parte para os biscoitos de caramelo e, no restante dela, colocar gotinhas de chocolate branco. Assim preparo dois em um: triple chocolate cookie e cookie de caramelo em uma mesma rodada.

Cookie de AMÊNDOA, MEL E LIMÃO-SICILIANO

Este foi um produto que criei para um Dia das Mães e adorei o resultado. Acho que leva sabores que se complementam muito bem. A textura do biscoito também é deliciosa: a massa fica bem macia, contrastando com os pedacinhos crocantes da amêndoa.

- 100 g de manteiga
- 100 g de chocolate branco em gotas ou grosseiramente picado
- 1¼ xícara (250 g) de açúcar
- 2 colheres (sopa) (40 g) de mel
- raspas e suco de 1 limão-siciliano
- 2 ovos
- 2 xícaras (240 g) de farinha de trigo
- 1 colher (chá) de fermento químico em pó
- ½ colher (chá) de sal
- 1 xícara (140 g) de amêndoa levemente tostada e picada
- 1 xícara de amêndoa laminada para acabamento (opcional)

Coloque a manteiga e o chocolate branco em uma tigela e derreta em banho-maria, tomando cuidado para não deixar a água muito quente. O chocolate branco é bem delicado, então não recomendo derretê-lo no micro-ondas a não ser que o faça em intervalos bem curtos e mexendo sempre.

Despeje a mistura de chocolate no bowl da batedeira com o açúcar, o mel, o suco e as raspas do limão, misturando até incorporar (se tiver uma planetária, use o batedor raquete). Junte os ovos e bata em velocidade média-alta para formar um creme homogêneo. Adicione, aos poucos, com a batedeira em movimento, a farinha, o fermento e o sal. Incorpore a amêndoa picada.

Cubra a massa com filme de PVC e leve à geladeira por cerca de 1 hora para firmar.

Preaqueça o forno a 180 °C.

Pegue uma porção de massa do tamanho de uma noz e forme uma bolinha enrolando na palma das mãos umedecidas com um pouco de água. Se quiser, role a bolinha em amêndoas laminadas. Coloque em uma assadeira forrada com papel-manteiga ou um tapete de silicone. Repita esses passos com o restante da massa, deixando cerca de dois dedos de espaço entre as bolinhas.

Leve ao forno por cerca de 12 a 15 minutos, ou até a borda dos biscoitos ficar dourada. Deixe os biscoitos esfriarem e tire da assadeira com a ajuda de uma espátula. Guarde em um pote com boa vedação

Cookie de GOIABADA

Este biscoito é o favorito da minha mãe, por isso tenho um carinho especial por ele. Faço desde a época em que nem poderia imaginar que um dia os biscoitos seriam minha profissão. Tudo começou em Campos do Jordão, em uma tarde chuvosa. Como não dava para fazer nenhuma atividade ao ar livre, resolvi ir para a cozinha. Queria fazer cookies. Pensei em cookies com gotinhas de chocolate, só que estávamos sem chocolate na despensa… Mas tínhamos goiabada! Cortei a goiabada em cubinhos e adicionei à massa tal qual faria com o chocolate. O problema foi que os pedacinhos que ficaram na parte de baixo do biscoito, em contato com a assadeira, grudaram no papel-manteiga e também quase queimaram. Mas o sabor do biscoito era promissor. Fui testando ideias até chegar a esta versão, na qual uso goiabada cremosa na parte de cima do biscoito.

200 g de manteiga em temperatura ambiente
1 xícara (200 g) de açúcar
2 ovos
½ colher (chá) de bicarbonato de sódio
2½ xícaras de farinha de trigo
1 xícara de goiabada cremosa

Leve à batedeira (se tiver uma planetária, use o batedor raquete) a manteiga e o açúcar. Bata até obter uma mistura clara e aerada. Adicione os ovos e continue a bater até estarem bem incorporados e a massa, fofa. Junte o bicarbonato à farinha e adicione à massa, batendo até incorporar bem. Se achar que a massa está ficando muito pesada para a sua batedeira, finalize à mão, com uma espátula.

Estenda um pedaço de filme de PVC sobre a bancada, coloque um pouco de massa sobre ele e cubra com uma nova camada do filme. Com um rolo, abra a massa até ficar com, aproximadamente, 0,5 cm de espessura. Repita o procedimento com toda a massa. Leve à geladeira por, pelo menos, meia hora, até firmar.

Preaqueça o forno a 180 °C.

Retire a massa da geladeira e, com um cortador em formato circular, corte os discos e disponha sobre uma assadeira previamente forrada com papel-manteiga ou um tapete de silicone. Coloque a goiabada em um saco de confeitar. Desenhe espirais (ou letras, corações, aquilo que quiser) sobre os biscoitos.

Leve ao forno por 10 minutos, ou até ficar dourado. Após retirar do forno, deixe esfriar para a goiabada ficar mais firme.

A goiabada pode ser substituída por bananada, marmelada e outros doces cremosos de fruta.

Brutti de
CASTANHA--DO-PARÁ

Com o grande sucesso que o brutti ma buoni tradicional, de avelã, faz na minha loja, resolvi aumentar a família com um irmão brasileiro, à base de castanha-do-pará, que é uma das minhas oleaginosas favoritas. Para dar um toque ainda mais especial a esta receita, acrescentei um pouco de mel.

4 claras
1 xícara (200 g) de açúcar
1 colher (sopa) de mel
1½ xícara (250 g) de castanha-do-pará sem casca

Coloque as claras no bowl de uma batedeira (se tiver uma planetária, use o batedor globo de arame) e bata em velocidade média até que comece a espumar. Diminua um pouco a velocidade e, com a batedeira em funcionamento, acrescente aos poucos o açúcar e o mel. Aumente a velocidade e bata até obter um merengue firme.

Enquanto aguarda as claras chegarem ao ponto, triture, pique ou quebre grosseiramente a castanha. Quando o merengue estiver pronto, despeje em uma panela e incorpore a castanha.

Leve ao fogo médio, mexendo sem parar até a mistura começar a desgrudar do fundo da panela. Desligue o fogo e transfira a massa para uma tigela, para que esfrie. Se for demorar algumas horas para fazer as bolinhas, cubra a massa com filme de PVC, de forma que a película toque o doce, evitando assim que se forme uma crosta na superfície.

Preaqueça o forno a 160 °C.

Com a ajuda de colheres, despeje montinhos de massa em uma assadeira forrada com papel-manteiga ou um tapete de silicone. Deixe um certo espaço entre eles, pois os biscoitos crescerão um pouco.

Leve ao forno por aproximadamente 30 minutos, girando a assadeira 180° para uma cocção uniforme, se necessário. Os biscoitos deverão ficar dourados. Retire do forno e deixe esfriar completamente antes de remover da assadeira com a ajuda de uma espátula.

Meu biscoito de Natal
(CHOCOLATE E ESPECIARIAS)

Este é o biscoito que faço na minha confeitaria para a época das festas. Quando desenvolvi a receita, queria algo que lembrasse os biscoitos tradicionais natalinos, mas que fugisse do óbvio e ainda tivesse a minha identidade. Difícil, né? Consegui com este biscoito, que tem a textura macia característica dos meus produtos e o toque de especiarias, típico dos biscoitos de fim de ano, tudo complementado pelo chocolate meio amargo, que o torna diferente.

1 clara
$2/3$ de xícara (120 g) de açúcar dividido em duas partes
$3/4$ de xícara (120 g) de castanha de caju
120 g de chocolate meio amargo
$1/2$ colher (chá) de sal
1 colher (chá) de canela em pó
1 colher (chá) de gengibre em pó
$1/2$ colher (chá) de cravo em pó
1 colher (sopa) de geleia de laranja
açúcar cristal para o acabamento

Preaqueça o forno a 160 °C.

Coloque a clara no bowl da batedeira (se tiver uma planetária, use o batedor globo de arame) e bata em velocidade média até começar a espumar. Adicione aos poucos metade do açúcar. Aumente a velocidade e bata até obter um merengue firme.

Enquanto isso, em um processador, bata a castanha de caju, o chocolate meio amargo, a outra metade do açúcar, o sal e as especiarias até obter uma farofa. Cuidado para não bater em excesso, pois o atrito com as lâminas pode aquecer e derreter o chocolate.

Misture a farofa de castanha e a geleia à clara, até obter uma massa firme e homogênea. Faça bolinhas de massa e role no açúcar cristal.

Coloque-as em uma assadeira forrada com papel-manteiga ou um tapete de silicone, deixando um dedo de espaço entre elas. Leve ao forno por 20 minutos, ou até começarem a rachar e, ao tocar a superfície, você sentir que estão ficando com uma crostinha firme. Deixe esfriar completamente e retire da assadeira com a ajuda de uma espátula. Conserve em um pote com boa vedação.

Biscoitos
RACHADINHOS

PISTACHE

3 claras

1 3/4 xícara (220 g) de açúcar de confeiteiro peneirado + 1/2 xícara para o acabamento

3/4 de xícara e 1 colher (sopa) (85 g) de farinha de pistache

1 2/3 xícara (160 g) de farinha de amêndoa

AMÊNDOA

3 claras

1 3/4 xícara (220 g) de açúcar de confeiteiro peneirado + 1/2 xícara para o acabamento

2 1/2 xícaras (250 g) de farinha de amêndoa

AVELÃ

3 claras

1 3/4 xícara (220 g) de açúcar de confeiteiro peneirado + 1/2 xícara para o acabamento

1 1/4 xícara (125 g) de farinha de avelã

1 1/4 xícara (125 g) de farinha de amêndoa

GIANDUIA

3 claras

1 3/4 xícara (220 g) de açúcar de confeiteiro peneirado + 1/2 xícara para o acabamento

1 1/4 xícara (125 g) de farinha de avelã

1 xícara (100 g) de farinha de amêndoa

1/4 de xícara (30 g) de cacau em pó

Esta é uma receita quatro em um. São quatro biscoitos diferentes, mas com o mesmo preparo. Por isso, em vez de apresentá-los separadamente, juntei-os aqui.

No Natal de 2010, quis testar se realmente estava pronta para começar uma atividade comercial com meus doces. Eu e minha mãe fizemos uma lista de quarenta pessoas que iríamos presentear com biscoitos. Minha missão seria produzir e entregar aqueles doces no prazo, todos com a mesma aparência e qualidade, como se fossem para um cliente de verdade.

O desafio começava na escolha dos biscoitos que iam compor o kit. Como queria algo que ficasse com cara de Natal, logo me veio à mente as cores verde e vermelha. Mas, como não uso corante de jeito nenhum, precisaria me virar para que os biscoitos tivessem naturalmente essas cores.

O vermelho foi bem fácil, pois eu já fazia o biscoito de goiabada. Para o verde, pensei em usar pistache. Comecei a testar uma infinidade de receitas de biscoitos com pistache, mas nenhuma me agradava. Parecia que o pistache "sumia" no biscoito, tanto em cor quanto em sabor. Eu queria uma receita na qual ele fosse protagonista. Do nada, um belo dia, me deu um estalo: me inspirar em biscoitos de amêndoa como os ricciarelli toscanos e os macarons franceses, que usam claras como base. Criei a receita e me apaixonei na primeira mordida. Esse dia ficou gravado de maneira muito forte na minha memória, parecia que eu estava sentindo que tinha criado algo que seria importante na minha vida. Fiquei radiante.

Chegou o Natal e presenteamos com os biscoitos. As pessoas que ganharam ligavam para agradecer e a reação era unânime: "O que é esse biscoito de pistache? É uma das melhores coisas que já comi na vida!" Ouvi isso várias vezes naquele fim de ano. Logicamente estava decidido que aquele biscoito seria escolhido para compor o catálogo de produtos do meu futuro empreendimento.

O sucesso do biscoito de pistache me motivou a criar uma linha com outros sabores que seguissem o mesmo estilo. E assim surgiram, em ordem de criação, os biscoitos de amêndoa, avelã e gianduia. E agora eu compartilho com vocês todas estas receitas!

Preaqueça o forno a 160 °C.

Com a ajuda de uma batedeira (se tiver uma planetária, use o globo de arame), bata as claras. Quando começar a formar uma espuma mais densa, incorpore aos poucos o açúcar, sempre batendo até obter um merengue brilhante. Não precisa ser o merengue mais firme do mundo, ok?

A seguir, incorpore a(s) farinha(s) correspondente(s) à receita que você escolheu (e o cacau em pó, no caso do biscoito de gianduia), mexendo delicadamente. Você deverá obter uma massa mole, mas com a consistência necessária para fazer bolinhas. Se você usou claras muito grandes e a massa ficou mole demais, coloque mais um pouco das farinhas, tentando manter a mesma proporção da receita, até chegar ao ponto.

Com a ajuda de uma colher dosadora ou duas colheres de sopa, faça bolinhas de massa e coloque em uma tigelinha com o açúcar de confeiteiro peneirado destinado ao acabamento. Chacoalhe levemente para cobrir as bolinhas com o açúcar por completo e coloque-as em uma assadeira forrada com papel-manteiga ou um tapete de silicone. Não se esqueça de deixar uns três dedos de espaço entre as bolinhas para que elas não grudem umas nas outras ao assar.

Leve ao forno por cerca de 20 minutos, ou até que os biscoitos comecem a dourar nas bordas e fiquem com a aparência de secos e opacos no meio (você vai entender quando olhar). Gire a assadeira 180º no meio do tempo para garantir que assem de maneira uniforme.

Deixe os biscoitos esfriarem completamente na assadeira e solte do papel ou do tapete de silicone com uma espátula, para garantir que não quebrem.

Biscoito
DE COCO

Esta receita surgiu por demanda dos meus clientes, que sempre me pediam alguma coisa com coco. Resolvi usar o mesmo conceito dos biscoitos rachadinhos (p. 106) e deu supercerto.

Como esta massa ficou com a cor parecida à do biscoito de amêndoa, optei por enrolá-la em coco queimado antes de assar. Dessa forma, além de ter um diferencial de cor, a textura fica bem interessante.

- 1 2/3 xícara (150 g) de coco fresco ralado fino + 1/2 xícara para o acabamento
- 3 claras
- 1 3/4 xícara (220 g) de açúcar de confeiteiro peneirado
- 1 xícara (100 g) de farinha de castanha de caju

Aqueça o forno a 180 °C.

Espalhe a 1/2 xícara de coco destinada ao acabamento em uma assadeira, formando uma camada fina. Leve ao forno por cerca de 30 a 40 minutos, até ficar bem dourado. De vez em quando, tire a assadeira do forno e mexa o coco, pois as bordas tendem a dourar antes do centro e, se você não misturar, ficará com as bordas queimadas e o centro branquelo. Quando estiver na cor desejada, tire do forno e deixe esfriar.

Reduza a temperatura do forno para 160 °C, mantendo-o aquecido.

Coloque as claras no bowl da batedeira (se tiver uma planetária, use o globo de arame) e comece a bater. Aos poucos, adicione o açúcar, sem parar de bater. Você vai obter um merengue não muito firme.

Incorpore, então, os 150 g de coco ralado e a farinha de castanha de caju, mexendo delicadamente para tentar preservar ao máximo a estrutura do merengue. A massa ficará com a textura um pouco mais firme do que a de uma massa de bolo, com a consistência suficiente para formar bolinhas. Como o tamanho das claras pode variar, se a massa ficou muito mole, junte um pouco mais de farinha de castanha de caju e coco fresco ralado até chegar ao ponto.

Com a ajuda de uma colher dosadora ou duas colheres de sopa, faça bolinhas de massa, coloque em uma tigelinha com o coco tostado e chacoalhe levemente até que fiquem cobertas. Se o coco não quiser grudar na massa, molhe um pouco as mãos, passe nas bolinhas para que umedeçam e tente novamente.

Coloque as bolinhas em uma assadeira forrada com papel-manteiga ou um tapete de silicone, espaçando uma da outra cerca de três dedos. Asse por aproximadamente 20 minutos, ou até que você perceba que a massa debaixo do coco tostado está começando a dourar nas bordas. Gire a assadeira 180° no meio do tempo para garantir que os biscoitos assem de maneira uniforme.

Deixe os biscoitos esfriarem completamente na assadeira e solte do papel-manteiga ou do tapete de silicone com uma espátula, para garantir que não quebrem.

Biscoitos para
FAZER EM FAMÍLIA

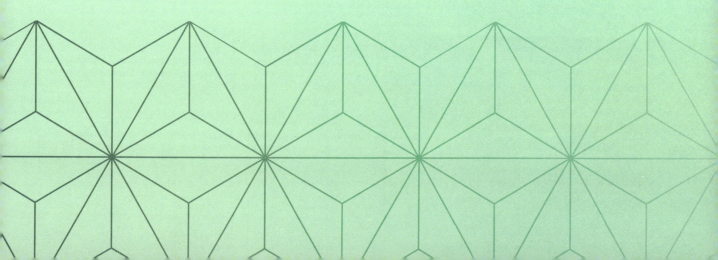

Graham cracker + S'MORE

1½ xícara (186 g) de farinha de trigo + um pouco para polvilhar (opcional)

1½ xícara (186 g) de farinha de trigo integral + um pouco para polvilhar (opcional)

100 g de manteiga cortada em cubos e bem gelada

1 xícara (200 g) de açúcar mascavo

1 colher (chá) de bicarbonato de sódio

½ colher (chá) de sal

½ colher (chá) de canela em pó (opcional)

⅓ de xícara (110 g) de mel, de preferência de sabor mais suave

¼ de xícara (70 ml) de leite

marshmallows

S'MORE

Coloque um quadradinho de chocolate sobre um biscoito e reserve um outro biscoito. Espete o marshmallow em um palito de churrasco ou em um espeto para fondue. Aqueça o marshmallow em uma fogueira, lareira ou na chama do fogão. Permita que o marshmallow doure por igual girando o palito enquanto tosta. Coloque o marshmallow tostado sobre o biscoito com chocolate, que vai derreter com o contato do marshmallow quente. Cubra o marshmallow com o outro biscoito. Agora é só comer!

Você provavelmente já assistiu a algum filme norte-americano no qual as personagens tostam marshmallows em torno de uma fogueira, certo? Elas estão provavelmente preparando s'more, um sanduíche de dois biscoitos com marshmallow tostado e chocolate (que derrete em contato com o marshmallow quente). Essa é a guloseima oficial de acampamentos e está muito na moda, ganhando várias versões revisitadas, inclusive em restaurantes estrelados dos Estados Unidos.

A questão é que existe um biscoito específico para montar esse doce e o nome dele é graham cracker, que eu vou lhe ensinar agora! É um biscoito não muito doce, mas que fica perfeito para ser recheado com marshmallow e chocolate.

O nome graham se deve a um tipo de farinha, que também se chama assim e era originalmente utilizada no preparo da receita. Trata-se de uma farinha integral um pouco mais flocada do que a convencional. Acontece que, se já é difícil achar essa farinha nos Estados Unidos, por aqui é totalmente impossível. Assim sendo, vamos usar a farinha integral comum e não teremos grandes diferenças em nosso biscoito.

Comece a receita fazendo uma farofa com as farinhas e a manteiga gelada. Você pode fazer esse passo em um processador e seguir toda a massa por lá, ou fazer à mão e depois continuar o restante da receita à mão também.

Misture, então, o açúcar, o bicarbonato, o sal e a canela. Incorpore o mel e o leite e pulse o processador ou amasse até obter uma massa macia e homogênea. Se o clima estiver muito quente, pode ser que você precise juntar mais farinha integral para dar o ponto. Na minha experiência, até ½ xícara a mais não prejudica nada. Divida a massa em duas partes, faça bolas e achate, formando discos. Leve os discos para a geladeira e deixe firmar por, pelo menos, 2 horas.

Preaqueça o forno a 180 °C.

Tire um disco de massa por vez da geladeira. Polvilhe a bancada e a massa com farinha integral ou comum (você escolhe!) e abra a massa em uma espessura de menos de 0,5 cm. Corte a massa com uma carretilha, formando quadrados de aproximadamente 6 × 6 cm (esse é o tamanho que acho bom para fazer os sanduíches de marshmallow), ou do tamanho que você julgar mais conveniente.

Coloque os quadrados em uma assadeira forrada com papel-manteiga ou um tapete de silicone deixando cerca de 2 cm entre eles. Fure os quadrados com um garfo ou palito de dente de forma a ter nove ou doze furinhos por biscoito.

Leve ao forno por aproximadamente 20 minutos, até dourarem e estarem firmes ao toque. Deixe os biscoitos esfriarem e armazene-os em um pote com boa vedação.

Biscoitinho de limão
DA NONNA LILIANA

Infelizmente, não convivi com a minha Nonna Liliana, minha avó materna, pois ela já estava bem doente quando nasci. Mas, quando eu ainda era pequena, minha mãe me ensinou a receita de biscoito de limão que a nonna fazia. Talvez tenha sido meu primeiro biscoito.

Fiz muito esta receita durante minha infância e adolescência. Todos os anos, na Páscoa, eu assava biscoitos em forma de coelho e levava de presente para meus amigos de escola, e eles se lembram disso até hoje com muito carinho.

- 1 ovo
- ⅓ de xícara (75 g) de açúcar
- 2 xícaras (240 g) de farinha de trigo + um pouco para polvilhar (opcional)
- ½ xícara (100 g) de óleo
- ¼ de xícara (60 g) de leite
- ½ colher (chá) de sal
- ½ colher (chá) de bicarbonato de sódio
- raspas da casca de 1 limão
- 1 colher (sopa) de água para pincelar
- ¼ de xícara de açúcar cristal para polvilhar

Preaqueça o forno a 200 °C.

Em uma tigela, quebre o ovo e bata levemente para misturar a clara e a gema. Encha 1 colher (sopa) com ovo e reserve. Vamos usar essa parte separada para pincelar a massa ao final.

Em outra tigela, misture todos os ingredientes, exceto o ovo reservado, a água e o açúcar, até obter uma massa homogênea.

Em uma bancada levemente polvilhada com farinha ou entre dois pedaços de filme de PVC, abra a massa até uma espessura de 0,5 cm. Com o cortador de sua preferência, corte os biscoitos e coloque em uma assadeira forrada com papel-manteiga ou um tapete de silicone. Deixe um pouquinho de espaço entre eles.

Adicione a água à quantidade do ovo reservada e misture para ficar homogêneo. Pincele a parte superior dos biscoitos. Polvilhe os biscoitos com um pouco de açúcar e leve ao forno por 10 minutos, girando a assadeira 180° na metade do tempo para que assem de maneira uniforme.

Deixe que os biscoitos esfriem completamente e conserve em um pote com boa vedação.

Gingerbread

- 100 g de manteiga em temperatura ambiente
- ½ xícara (100 g) de açúcar mascavo
- ½ xícara de mel ou melado de cana (pode escolher a seu gosto)
- 1 gema (guarde a clara para o glacê)
- 3 xícaras (375 g) de farinha de trigo
- 1 colher (sopa) de gengibre em pó
- 1 colher (chá) de canela em pó
- ½ colher (chá) de noz-moscada em pó
- ½ colher (chá) de cardamomo em pó
- ½ colher (chá) de cravo em pó
- 1 colher (chá) de bicarbonato de sódio
- ½ colher (chá) de sal

GLACÊ
- 1 clara
- ¾ de xícara (150 g) de açúcar de confeiteiro

O Natal dos Estados Unidos tem gostinho deste biscoito que leva um mix de especiarias, lideradas pelo gengibre – e por isso o ginger no nome.

Um belo ano, ainda quando éramos adolescentes, Carol, minha irmã, num raríssimo ímpeto de se envolver na cozinha, resolveu que faríamos biscoitinhos gingerbread para decorar nossa árvore. Foi inesquecível! Trata-se de uma massa relativamente mole para trabalhar, ideal para climas mais frios, o que funciona para o hemisfério Norte, mas nós, que temos um Natal quente, ficamos em grande desvantagem nesse aspecto. A massa derretia depois de poucos minutos fora da geladeira, e a tarefa de cortar os biscoitos se estendeu madrugada adentro. Mas o resultado ficou ótimo, os biscoitos foram um sucesso e ganhamos esta história para contar.

O bom é que agora melhorei aquela receita e tenho dicas para você, caso queira embarcar em uma aventura de fazer gingerbread no verão. Ah: não sou muito de decorar biscoitos, mas o gingerbread pede, por isso ensino um glacê bem fácil.

Indico aqui uma quantidade de especiarias que considero agradável para todo tipo de paladar. Particularmente, gosto muito de especiarias e sabores mais marcantes. Então, quando faço para mim mesma, aumento bastante essas quantidades, mantendo as proporções. Recomendo que você vá ajustando a receita ao seu paladar e ao de seus amigos e familiares.

Coloque a manteiga e o açúcar no bowl da batedeira (se tiver uma planetária, use o batedor raquete) e bata em velocidade média-alta até obter um creme pálido e fofo. Adicione o mel ou o melado e a gema, batendo para incorporar. Acrescente a farinha, as especiarias, o bicarbonato e o sal e misture até obter uma massa homogênea. Se sua batedeira não for muito forte, finalize com as mãos.

Agora começam minhas dicas de quem já sofreu com esse biscoito.

Divida a massa em três partes. Faça uma bola com cada parte, achate formando discos, embrulhe cada um deles com filme de PVC. Leve para a geladeira por, no mínimo, 1 hora para que firmem.

Retire uma parte de massa por vez da geladeira e abra, entre duas camadas de filme de PVC, até que fique com um pouco menos de 0,5 cm de espessura. Um ponto positivo de abrir a massa entre o plástico é que fica fácil de voltá-la para a geladeira ou o congelador caso seja necessário (e provavelmente será!).

Um truque: coloque a massa no congelador, já aberta, por uns 5 a 10 minutinhos, para facilitar na hora de cortar. Só não pode esquecer por muito tempo lá dentro, pois, caso congele, acaba quebrando quando pressionamos o cortador e daí não adianta nada.

Preaqueça o forno a 180 °C.

Corte a massa com um cortador do formato desejado (o mais tradicional são os homenzinhos, mas gosto muito de fazer estrelas médias e pequenas). Uma dica: passe o cortador na farinha toda vez que for usar, assim os formatos se destacam com mais facilidade. Quando a massa começar a ficar ruim de cortar por estar mole, não insista, coloque-a novamente na geladeira ou no congelador e pegue outra.

Coloque os biscoitos em uma assadeira forrada com papel-manteiga ou um tapete de silicone, deixando 2 cm entre um e outro. Você provavelmente terá que fazer mais de uma fornada. Então, quando encher uma assadeira, leve ao forno e asse por cerca de 12 minutos, até os biscoitos dourarem nas bordas. Enquanto a primeira parte assa, você pode repetir os passos com o restante da massa.

Fique tranquilo! Talvez pareça que são muitas etapas, mas, no fim, você vai perceber que é fácil: é só dividir a massa desde o início e ir sempre trocando pela parte que estiver na geladeira quando a que se está trabalhando começar a amolecer.

Para o glacê, coloque a clara no bowl da batedeira (se tiver uma planetária, use o batedor globo de arame) e bata até começar a formar a clara em neve. Adicione o açúcar aos poucos e siga batendo até ele dissolver e formar o glacê. Transfira a mistura para um saco de confeitar ou saquinho de congelar e corte uma ponta bem pequenininha, para poder fazer desenhos delicados.

Aplique o glacê sobre o biscoito em temperatura ambiente. Deixe a decoração secar completamente.

Brutti de
PAÇOCA

Existem receitas que me enfeitiçam. Os brutti ma buoni são um bom exemplo disso.

Você viu neste livro o clássico, à base de avelã (p. 55), a versão abrasileirada com castanha-do-pará (p. 103) e agora eu lhe apresento mais um: o de paçoca! Quer dizer, de amendoim.

Eu amo festa junina! É uma época alegre e cheia de comidas tão gostosas. Foi querendo homenagear essa linda festa que pensei neste biscoito, que você pode fazer facilmente em casa e incrementar seu arraiá de uma forma original, mas sem fugir da tradição.

4 claras

1 xícara (200 g) de açúcar

1½ xícara (250 g) de amendoim torrado granulado ou amendoim torrado sem pele

sal a gosto*

* O que eu gosto nas paçoquinhas é aquele toque salgado, então acho o sal indispensável. Como sei que há quem não goste, faça do jeito que preferir. Eu coloco 1½ colher (chá).

Bata as claras na batedeira em velocidade média (se tiver uma planetária, use o batedor globo de arame) até que comecem a espumar. Adicione aos poucos o açúcar e siga batendo em velocidade alta até que ele esteja dissolvido e as claras tenham se transformado em um merengue firme e brilhante.

Coloque o amendoim e o sal na tigela de um processador e pulse três ou quatro vezes até que fique uma farofa bem grossa. É bom que fiquem pedaços grandes.

Despeje todos os ingredientes em uma panela grande, misture delicadamente e leve ao fogo médio, mexendo sem parar até que a mistura pegue consistência e comece a desgrudar do fundo da panela.

Transfira a mistura quente para uma tigela e cubra com filme de PVC de forma que o plástico toque a massa. Deixe amornar.

Preaqueça o forno a 170 °C.

Com a ajuda de colheres, posicione montinhos de massa em uma assadeira forrada com papel-manteiga ou um tapete de silicone, deixando espaço de aproximadamente 2 cm entre eles. Leve ao forno por cerca de 40 minutos, girando a assadeira 180° na metade do tempo, se necessário, para garantir que todos os biscoitos assem por igual.

Deixe que os biscoitos esfriem completamente antes de tirá-los da assadeira usando uma espátula.

Biscoitinho
COM GELEIA

Em vários domingos durante a minha infância e pré-adolescência, encontrávamos meus avós na missa do meio-dia, almoçávamos juntos e eu passava o restante da tarde com minha avó, quase sempre em alguma atividade que envolvesse a cozinha. Geralmente assávamos bolos, mas algumas vezes fizemos estes biscoitinhos. Foram poucas as ocasiões em que preparamos biscoitos juntas, mas, por algum motivo, elas me marcaram muito. Então, tenho o maior carinho por essas lembranças.

Esta é uma receita ótima para fazer com crianças, pois os biscoitos ficam coloridos e é divertido o processo de afundar as bolinhas de massa para rechear. Espero que seja um momento gostoso para ficar na memória de vocês, assim como ficou na minha.

---

200 g de manteiga em temperatura ambiente

¾ de xícara (150 g) de açúcar

1 ovo

2½ xícaras (300 g) de farinha de trigo

½ colher (café) de bicarbonato de sódio

½ colher (café) de sal

açúcar cristal (opcional)

coco ralado fino (opcional)

xerém de castanha de caju (opcional)

½ xícara de geleia de sua preferência (pode ser mais de um sabor, de diferentes cores)

Coloque a manteiga e o açúcar no bowl da batedeira (se tiver uma planetária, use o batedor raquete) e bata em velocidade média até obter um creme pálido e fofo. Adicione o ovo e bata até estar completamente incorporado. Junte, então, a farinha, o bicarbonato e o sal e misture até obter uma massa homogênea. Se sua batedeira não for forte o bastante, faça esta etapa à mão.

Embrulhe a massa em filme de PVC, formando uma bola, e leve à geladeira por, pelo menos, 1 hora para firmar.

Preaqueça o forno a 180 °C.

Faça bolinhas de massa do tamanho de um brigadeiro. Se quiser, em uma tigela, role as bolinhas no açúcar cristal, coco ralado ou xerém de castanha de caju.

Posicione as bolinhas em uma assadeira forrada com papel-manteiga ou um tapete de silicone, deixando cerca de 4 cm entre elas. Pressione o dedão ou o cabo de uma colher no centro de cada bolinha, formando uma cavidade. Com uma colher pequena, coloque a geleia no centro do biscoito, preenchendo a cavidade quase totalmente. Se você encher completamente, a geleia vai ferver no forno e sujar as bordas do biscoito, mas isso só vai dar um ar mais rústico ao biscoito, nada grave.

Leve ao forno por cerca de 15 minutos, ou até a massa estar dourada.

Cuidado! A geleia estará perigosamente quente quando os biscoitos saírem do forno. Então, contenha-se e aguarde que esfriem completamente antes de comer, porque o risco de queimar a boca é grande. É sério isso, tá?

Cookie com
CONFEITOS COLORIDOS

Crianças adoram confeitos coloridos. Cookies com esses confeitos, então, nem se fala. A questão é: se você incorporá-los à massa do biscoito de qualquer jeito, o resultado pode ficar aquém do esperado, pois o corante dos confeitos pode se dissolver na massa, deixando os biscoitos manchados de forma esquisita. Por isso, aqui vou explicar como é fácil fazer biscoitos lindos e coloridos, que vão encantar a criançada.

Faça a massa do cookie de sua preferência. Recomento o chocolate chips (p. 44) ou o triple chocolate (p. 92) colocando apenas $2/3$ da quantidade de gotas de chocolate indicada na receita.

Cubra a massa com filme de PVC e leve à geladeira para firmar, por cerca de 1 hora.

Preaqueça o forno na temperatura indicada na receita escolhida.

Tire a massa da geladeira e faça bolinhas de aproximadamente 3 cm de diâmetro. Posicione as bolinhas em uma assadeira forrada com papel-manteiga ou um tapete de silicone, dando espaço de cerca de três dedos entre elas. Achate as bolinhas com a palma da mão, de forma a obter um disco com a altura de um dedo. Coloque os confeitos coloridos sobre os discos, pressionando levemente para que eles grudem bem na massa.

Leve ao forno pelo tempo indicado na receita escolhida.

Biscoitinho
DE UVA-PASSA E VINHO BRANCO

Eu sou louca por panetone. Sou capaz de comer um inteiro em um dia sem perceber e ainda ficar chateada por ter acabado tão rápido.

Foi pensando no panetone que desenvolvi este biscoito. Lógico que não é igual, mas tem elementos em comum, então acaba trazendo à lembrança. Ficou um biscoito gostoso, de sabor delicado e que vale a pena experimentar!

- 2/3 de xícara (90 g) de uva-passa escura sem semente
- 1 3/4 xícara (220 g) de farinha de trigo
- 1 colher (chá) de fermento químico em pó
- 1/2 colher (chá) de sal
- 1/2 xícara (100 g) de açúcar
- 60 g de manteiga fria e cortada em pedaços pequenos
- 1 ovo
- 3 colheres (sopa) de vinho branco seco
- raspas da casca de 1/2 laranja

Amoleça a uva-passa em uma tigela com água quente por 10 minutos. Escorra e seque com papel-toalha.

Em uma tigela, misture a farinha, o fermento, o sal e o açúcar. Junte a manteiga e forme uma farofa com os dedos. Quebre o ovo em outra tigela e bata levemente para misturar clara e gema. Adicione a ele o vinho e as raspas de laranja. Junte o ovo à farofa de manteiga, amassando até formar uma massa lisa e homogênea. Junte as passas e amasse novamente até que fiquem bem distribuídas.

Faça um disco com a massa, envolva em filme de PVC e leve à geladeira por 30 minutos, ou até firmar.

Preaqueça o forno a 190 °C.

Tire a massa da geladeira e, com um rolo, abra até ficar com a espessura aproximada de 0,5 cm. Corte com um cortador de cerca de 3 cm e coloque em uma assadeira forrada com papel-manteiga.

Leve ao forno por cerca de 12 a 15 minutos, ou até dourar. Deixe esfriar e conserve em um pote com boa vedação.

Se você quer uvas-passas mais macias e alcoólicas, coloque-as em um potinho de vidro, cubra com grapa ou rum e deixe de molho por alguns dias. Elas vão inchar, então é possível que elas expandam para além do nível da bebida no vidro. Se isso acontecer, coloque mais grapa ou rum para cobrir novamente. Se você usar uvas-passas "bêbadas" no biscoito, não precisa fazer o primeiro passo da receita. Eu adoro colocar essas passas em drinques de grapa ou comer puras com um chocolatinho! Na casa do meu nonno, elas eram uma tradição, sempre tinha um potinho.

Biscoitinho
DE TÂMARA

Este biscoito é facílimo de fazer e muito gostoso. Tem uma textura bem macia, parecendo um bolinho, e ainda tem os pedacinhos de nozes... Difícil escrever sobre eles sem ficar com vontade. Acho que é uma receita ótima para a época das festas, quando as frutas secas estão em alta.

1 xícara (175 g) de tâmara sem caroço e picada grosseiramente

2/3 de xícara (175 g) de nozes picadas grosseiramente

2 claras

1 xícara (130 g) de açúcar de confeiteiro

1 1/2 colher (sopa) (10 g) de cacau em pó

suco de 1 limão

manteiga para untar

Preaqueça o forno a 170 °C.

Triture as tâmaras e nozes em um processador até estarem bem picadas, mas sem formar uma pasta. Despeje em uma tigela. Junte as claras, o açúcar, o cacau peneirado e o suco de limão e misture até ficar homogêneo.

Com uma colher, pingue a massa em uma assadeira forrada com papel-manteiga ou um tapete de silicone untado com manteiga (precisa untar o tapete ou o papel porque ele gruda mesmo!). Asse por cerca de 30 minutos, ou até ficarem com as bordas douradas. A massa é escura, por isso é um pouco difícil notar, preste atenção. Aguarde até que esfriem para remover da assadeira usando uma espátula.

Você pode substituir a tâmara por figo seco ou uva-passa, ou até mesmo misturar esses ingredientes para criar novas versões.

Sobremesas
COM BISCOITOS

Tiramisù
CLÁSSICO

A sobremesa mais famosa da Itália é feita com biscoitos. E, se você acha que tiramisù é uma receita antiquíssima e supertradicional, está enganado: o doce começou a aparecer no final dos anos 1970. Impressionante, né?

Seu nome quer dizer algo como "jogue-me para cima" e se deve ao poder energético do doce, que combina ovo, café, cacau, queijo mascarpone e açúcar.

Experimente fazer com a receita de savoiardi deste livro. Faz toda a diferença. Mas, se estiver com pressa, serve o biscoito champanhe industrializado.

CREME BÁSICO

3 ovos

1/3 de xícara (65 g) de açúcar

1 xícara (250 g) de mascarpone em temperatura ambiente*

MONTAGEM CLÁSSICA

1 colher (sopa) de licor Amaretto, vinho Marsala ou rum (opcional)

1/3 de xícara de café preparado forte, como expresso ou moka

açúcar a gosto

200 g de savoiardi (biscoito champanhe, p. 52)

cacau em pó a gosto

chocolate para ralar opcional

* Se seu mascarpone estiver muito gelado ou firme, amasse um pouco com um garfo para que fique mais macio e fácil de incorporar. Se quiser, prepare seu mascarpone caseiro seguindo a receita da p. 135.

Com a ajuda de uma batedeira (se tiver uma planetária, use o batedor globo de arame), bata os ovos até começarem a espumar. Adicione o açúcar aos poucos e continue batendo até obter um creme firme, fofo e pálido. A dica para ver o ponto é pegar um pouquinho do creme e despejar sobre o restante, fazendo um rabisco, se o desenho desaparecer na hora, ainda não está firme o suficiente; se ele ficar em relevo, está bom.

Adicione delicadamente o mascarpone ao creme de ovos. Faça isso com a ajuda de uma espátula e realizando movimentos circulares envolventes, que vão do fundo do bowl até em cima.

Se não for montar a sobremesa na hora, transfira imediatamente para a geladeira ou congelador.

Na hora da montagem, se for usar a bebida alcoólica, misture com o café em um prato fundo e adoce a gosto. Banhe rapidamente os biscoitos na mistura. Eles não podem absorver muito líquido.

Coloque uma pequena quantidade de creme no fundo da tigela (apenas "suje" o fundo). Cubra-a com uma camada de biscoitos embebidos, coloque outra camada de creme, desta vez mais generosa, polvilhe com cacau em pó, seguido por outra camada de biscoito e novamente o creme e o cacau. Assim resultando em uma sobremesa com duas camadas de biscoito. O ideal é fazer com duas ou três camadas.

Leve à geladeira por, no mínimo, 3 horas antes de servir. Mas o ideal é deixar de um dia para o outro, para o creme firmar bem.

Antes de servir, polvilhe a camada final com cacau e, se quiser, complemente com raspas de chocolate.

É importante polvilhar a última camada de cacau minutos antes de servir. Caso contrário, o cacau absorve umidade e escurece, ficando com um aspecto meio feio.

Tiramisù
COM FRUTAS VERMELHAS

Esta é uma versão mais refrescante e igualmente deliciosa do tiramisù, perfeita para dias mais quentes, quando o tradicional pode parecer pesado.

---

300 g de frutas vermelhas frescas ou descongeladas e escorridas

¼ de xícara de limoncello (licor de limão-siciliano)

¼ de xícara de água

açúcar a gosto

raspas de limão-siciliano (opcional)

200 g de savoiardi (biscoito champanhe, p. 52)

1 receita de creme básico (p. 132)

MASCARPONE CASEIRO

500 g creme de leite fresco

1 colher (sopa) de suco de limão-siciliano

Corte as frutas em pedaços pequenos, reservando algumas inteiras para a decoração.

Misture o limoncello e a água em um prato fundo. Se utilizar frutas congeladas e elas soltarem líquido no processo de descongelamento, você pode misturar esse líquido nessa etapa também. Adoce a gosto e junte as raspas de limão. Banhe os biscoitos rapidamente na mistura.

Coloque uma pequena quantidade de creme no fundo da tigela (apenas "suje" o fundo). Cubra-a com uma camada de biscoitos embebidos, coloque uma camada mais generosa de creme, espalhe metade das frutas picadas. Repita a sequência de biscoito, creme e fruta mais uma ou duas vezes, dependendo do número de camadas que você deseja.

Leve à geladeira por, no mínimo, 3 horas. Posicione as frutas decorativas no momento de servir. Se quiser, decore com raspas de limão sobre as frutas.

MASCARPONE CASEIRO

Despeje o creme de leite em um recipiente e coloque em banho-maria, mexendo eventualmente e controlando a temperatura, até que atinja 85 °C. Dica: preste atenção na consistência do creme antes de adicionar o limão para, no próximo passo, verificar se está engrossando.

Ao atingir 85 °C, adicione o suco de limão, uma colher (café) por vez, mexendo após cada adição. Mexa a mistura, ainda em banho-maria, por, no mínimo, mais 5 minutos. Você deverá notar que o creme engrossa um pouquinho (não muito, por isso é bom reparar bem como ele era no começo, assim pode notar a sutil diferença). Caso o creme não tenha engrossado nada, junte um pouco mais de suco de limão.

Remova o recipiente com creme do banho-maria e deixe esfriando em temperatura ambiente por cerca de 30 minutos a 1 hora, até que não esteja mais quente.

Pegue uma peneira e forre-a com um pano limpo de malha fechada ou com coador de café de papel. Coloque a peneira sobre um recipiente. Despeje o creme sobre a peneira, cubra com um filme de PVC e leve à geladeira por, pelo menos, 12 horas.

Torta de BISCOITO

Isto não é exatamente uma receita, mas uma dica de como transformar uma receita de biscoito em uma sobremesa diferente e gostosa.

Vamos começar pela escolha do biscoito. Nem todos os biscoitos ficarão bons em tamanho sobremesa. O ideal são biscoitos que sejam mais macios depois de assados, como os cookies ou os biscoitos de pistache, amêndoa, avelã, gianduia e coco.

Você pode montar diversos tamanhos de torta de biscoito, mas, só para referência, costumo fazer uma torta de 25 cm de diâmetro com 450 g de massa.

Preaqueça o forno a uma temperatura 15 °C mais baixa que a temperatura indicada na receita do biscoito que você vai usar. Por exemplo: se a receita pede 175 °C, preaqueça a 160 °C. Se isso implicar em uma temperatura muito baixa para o forno, lance mão do bom e velho truque do pano de prato enroladinho na porta do forno, para mantê-la entreaberta.

Pegue uma fôrma redonda de fundo removível. Se o biscoito escolhido levar manteiga, não é necessário untar; mas, caso seja um biscoito à base de claras, unte com manteiga ou óleo e polvilhe com açúcar de confeiteiro.

Espalhe a massa de biscoito na fôrma, pressionando com os dedos de maneira que o centro fique mais fino que as bordas. Isso irá fazer com que a torta de biscoito fique com altura uniforme. Caso não faça isso, ela ficará mais alta no centro. Se for um biscoito que deva ser rolado no açúcar ou algo semelhante, polvilhe o ingrediente sobre a massa espalhada na fôrma antes de assar.

Leve ao forno por cerca de 40 minutos, ou até as bordas começarem a dourar e o centro já parecer cozido. Retire do forno. Deixe que esfrie por alguns minutos, apenas para que a fôrma fique em uma temperatura que facilite o manuseio. Separe a lateral do fundo da fôrma, e deixe o biscoito esfriar.

Você pode servir esta torta de biscoito com sorvete ou acompanhada de geleias.

Fondue de chocolate
COM BISCOITOS

Em um dia mais friozinho, uma das sobremesas mais gostosas para aquecer a alma é um fondue de chocolate, certo? Geralmente, temos o hábito de usar apenas frutas para mergulhar na calda de chocolate derretido, mas variar com biscoitos é uma ótima ideia. Você pode misturar biscoitos e frutas, montando uma linda apresentação para a sua sobremesa.

2/3 de xícara (120 g) de açúcar

1/2 xícara (120 g) de água

1 1/2 xícara (250 g) de chocolate meio amargo picado ou em gotas

Coloque o açúcar e a água em uma panela e leve ao fogo baixo até o açúcar dissolver completamente. Tire do fogo, adicione o chocolate e mexa para derreter. Transfira para o recipiente em que vai servir.

Caso o fondue esfrie antes da hora, você pode reaquecê-lo no micro-ondas, colocando em intervalos de 15 a 20 segundos e mexendo entre eles até que derreta novamente.

Tente fazer um mix variado de biscoitos incluindo, por exemplo, um amanteigado, um com frutas secas e um cookie. Essa diferença de sabores e texturas deixará a experiência mais gostosa.

Sanduíche
DE SORVETE

Acho muito mais gostoso sanduíche de sorvete com biscoitos do que sorvete na casquinha. Biscoitos geralmente são mais saborosos do que casquinhas, e dar dentadas em dois biscoitos com uma camada de sorvete no meio me deixa muito mais feliz do que ficar tomando cuidado porque a bola do sorvete está escorrendo pela casquinha, ou então perceber que a casquinha está furada na ponta e tem sorvete pingando na roupa. Mas montar um sanduíche de sorvete perfeito exige um pouco de técnica.

Pegue uma assadeira que caiba no seu congelador e forre-a com papel-manteiga.

Tire o sorvete do congelador e deixe chegar à consistência de servir. Vá tirando porções de sorvete do pote e colocando na assadeira. Espalhe o sorvete para obter uma camada homogênea com a altura desejada. Eu recomendo dois dedos. Cubra com filme de PVC ou papel-manteiga e leve ao congelador de novo até ficar completamente endurecido.

Com um cortador de diâmetro igual ou um pouco menor do que o biscoito que você vai usar nos sanduíches, corte discos de sorvete. Coloque os discos de sorvete entre dois biscoitos, formando o sanduíche.

Embrulhe em papel-alumínio ou coloque em um pote que vede bem e leve ao congelador até a hora de servir.

Biscoitos
SALGADOS

Taralli

Estes biscoitinhos típicos da região da Puglia são praticamente onipresentes em todo o sul da Itália. Seu formato mais tradicional são argolas finas com diâmetro grande, de cerca de 5 cm. Eu prefiro fazê-los menorzinhos, com 2 ou 3 cm, para comer como petisco, mas isso quem escolhe é você. Outra coisa que fica a critério do freguês ou, no caso, do cozinheiro, é o sabor. Os taralli de erva-doce são os mais tradicionais, mas também são facilmente encontrados os de azeitona, alecrim, pimenta-do-reino e gergelim. A base é sempre a mesma, muda apenas o sabor. E, se quiser se arriscar com novas ideias de ingredientes, fique à vontade e solte a imaginação!

500 g de farinha de trigo
½ xícara (125 g) de azeite
1 xícara (200 g) de vinho branco
1 colher (sopa) de sal
sementes de erva-doce, alecrim fresco picado, gergelim, azeitona picada* ou o que você estiver com vontade de experimentar

* A azeitona é um ingrediente úmido, se você simplesmente picar e colocar na receita, provavelmente a massa ficará grudenta. A dica é picar a azeitona, espalhar em uma camada fina em uma assadeira e levar ao forno baixo por alguns minutos, para que seque. Espere esfriar e misture à massa.

Em uma tigela, misture todos os ingredientes até começarem a formar uma massa. Despeje sobre a bancada e sove por, pelo menos, 10 minutos, até obter uma massa lisa e elástica. Normalmente massas elásticas não são desejadas para biscoitos, mas os taralli são a exceção a essa regra.

Se você tiver uma batedeira planetária forte, pode fazer a massa com ela desde o início usando o batedor gancho e deixar que ela faça o trabalho de sova. Mas lembre-se de que é uma massa pesada, então tenha certeza de que a sua batedeira aguenta o tranco, ok?

Cubra a massa com filme de PVC e deixe descansar por 30 minutos.

Pegue um pedacinho de massa menor que uma noz. Com a palma da mão, role-o contra a bancada para obter uma minhoquinha. Una as duas pontas, formando uma pequena rosca e apoie o biscoito novamente sobre a bancada. Repita o procedimento com toda a massa.

Ao chegar aproximadamente na metade da massa, coloque água para ferver em uma panela, como se fosse cozinhar macarrão. Quando a água começar a ferver, jogue um punhado de biscoitinhos dentro da panela, para que cozinhem. Sim, você está lendo certo: vamos cozinhar os biscoitos antes de assá-los. Assim que começarem a flutuar, pesque-os com uma peneira e coloque-os sobre um pano de prato limpo, para que escorram.

Preaqueça o forno a 200 °C.

Disponha os taralli já fervidos e escorridos em uma assadeira forrada com papel-manteiga ou um tapete de silicone. Não se preocupe se ficarem próximos uns dos outros, mas evite que se toquem. Leve ao forno por 40 minutos, ou até que estejam uniformemente dourados.

Espere que esfriem para provar. Guarde em latas ou potes que vedem bem.

Chips de POLENTA

Um belo dia fui convidada para participar de um quadro de um programa de TV. Ele consistia em um desafio no qual eu deveria desenvolver uma receita com quatro ingredientes estipulados pela produção do programa, além de sal, pimenta-do-reino e azeite e um "ingrediente do chef", que era qualquer coisa que eu quisesse usar. No meu conjunto de ingredientes obrigatórios estavam fubá para polenta, tomate, cebola e berinjela. Eu quis fugir do óbvio. Não queria simplesmente fazer uma polenta e servir com um molho de tomate e berinjela.

Como minha cabeça vive no mundo dos biscoitos, logo pensei em desenvolver algum tipo de torradinha de polenta para acompanhar uma conserva de berinjela. Foi aí que nasceram estes chips, que são facílimos de fazer, muito crocantes, gostosos e ótimos para servir como petiscos, puros ou como base para canapés. E ainda não têm glúten, portanto, são uma alternativa a torradinhas para quem tem doença celíaca.

1/3 de xícara (50 g) de floco de milho pré-cozido para polenta
1 xícara (240 g) de água fervente
1 colher (sopa) (15 g) de manteiga
sal a gosto
pimenta-do-reino a gosto
azeite ou óleo para untar

Preaqueça o forno a 180 °C.

Misture o floco de milho com a água fervente e incorpore a manteiga, mexendo até que derreta completamente. Adicione sal e pimenta a gosto. Lembre-se: a água vai evaporar no forno, concentrando a quantidade de temperos que você puser.

Unte uma assadeira com azeite ou óleo. Despeje colheradas de massa sobre a assadeira formando discos, deixando espaço entre eles e também sem encostar na lateral da assadeira. Bata a assadeira contra a bancada para espalhar a massa.

Leve ao forno por 40 minutos, ou até que estejam dourados e se desprendam facilmente da assadeira. Se ainda estiverem grudados, não estão prontos.

Você pode usar as grades superior e inferior do forno para esta receita, invertendo as assadeiras na metade do tempo.

Biscoito de POLVILHO

Sou fanática por biscoito de polvilho. É daquelas coisas que comeria infinitos seguidos sem enjoar. Eu adoro a crocância, o jeitinho meio oco por dentro e, principalmente, o sabor do polvilho azedo, meu tipo favorito de polvilho para preparações salgadas. Experimente para um lanchinho gostoso em casa ou para servir no aperitivo quando tiver visitas.

- 1 2/3 xícara (250 g) de polvilho azedo
- 1/4 de xícara de leite
- 1/2 xícara de água
- 1/2 xícara de óleo
- 1 colher (sopa) de sal
- 2 ovos

Coloque o polvilho em uma tigela suficientemente grande para fazer a massa. Misture em uma panela o leite, a água, o óleo e o sal e leve ao fogo até levantar fervura. Despeje o líquido fervente no polvilho e incorpore rapidamente para a umidade se espalhar por todo o pó. Nesse estágio, você terá uma coisa (não vou nem chamar de massa) de aparência meio esquisita e com textura estranha, grudenta (que eu nem sei descrever direito). Não se assuste nem pense que deu tudo errado, é assim mesmo!

Mexa até a mistura esfriar o suficiente para adicionar os ovos sem correr o risco de eles cozinharem. (Você deverá sentir um morno agradável, não pode estar muito quente, ou você vai cozinhar o ovo.)

Adicione os dois ovos e misture até a massa ficar homogênea.

É aqui que o negócio pega um pouquinho: existem polvilhos que absorvem mais água, outros menos, varia de marca para marca e, se o polvilho for artesanal, varia até de acordo com a época do ano. Nós queremos uma massa mole, que seja fácil de pingar com o saco de confeitar, quase como uma massa de bolo em termos de fluidez. Se a massa chegou a esse ponto depois de ter adicionado os dois ovos, ótimo! Se ainda está muito consistente, vá juntando água aos pouquinhos, até dar o ponto. Se você está em dúvida se está ou não no ponto, coloque um tanto de massa no saquinho e tente pingar: se der certo, está no ponto; se estiver difícil, é porque precisa de água. Para o polvilho da marca que eu mais uso, acabo colocando mais 1/2 xícara de água. Para um mais industrializado, que eu não gosto muito, não preciso. Já para um maravilhoso artesanal que usei uma vez, foi quase 1 xícara inteira.

Preaqueça o forno a 180 °C.

Coloque a massa em um saco de confeitar ou em um saquinho de congelar com uma ponta cortada. Pingue a massa sobre uma assadeira untada ou forrada com papel-manteiga ou um tapete de silicone. Você pode pingar no formato de gotinha, palitos rosquinha, como quiser.

Leve ao forno por cerca de 20 minutos, ou até começarem a dourar e estiverem bem sequinhos. (Particularmente, sou uma pessoa esquisita e gosto dos meus biscoitos de polvilho mais tostadinhos, mas não conheço mais ninguém assim.)

Biscoitinho
DE GORGONZOLA

Eu amo queijo! Para mim, queijo é para o salgado o que o chocolate é para o doce. Simplesmente não sei viver sem. E é claro que eu precisava de uma receita de biscoito com esse ingrediente tão querido em minha vida, não é?

Dentro da minha paixão por queijo, gorgonzola tem um destaque especial. Não sei... Talvez seja porque a região do meu nonno na Itália tenha tradição nesse produto e está no sangue amá-lo. Ou talvez, mais provavelmente, seja porque eu como desde bebezinha (numa idade em que eu nem deveria comer queijos...).

Enfim, prepare-se para mais uma receita deliciosa!

---

80 g de queijo gorgonzola ou roquefort
50 g de queijo parmesão ralado fino
100 g de manteiga em temperatura ambiente
1 xícara (120 g) de farinha de trigo
1 colher (chá) de fermento químico em pó
sal a gosto (vai depender de quão salgados estão seus queijos)
nozes picadas (opcional)

Amasse o queijo gorgonzola com um garfo até obter uma pasta. Adicione o parmesão. Ajuste o sal, se necessário. Reserve.

Em uma tigela, misture a manteiga, a farinha e o fermento e amasse até começar a formar uma massa. Incorpore os queijos e amasse até ficar homogênea.

Envolva com filme de PVC e leve à geladeira por, pelo menos, 30 minutos.

Preaqueça o forno a 180 °C.

Abra a massa com uma espessura de aproximadamente 1 cm.

Se for usar as nozes, polvilhe-as sobre a massa quando estiver quase na espessura desejada. Passe o rolo sobre as nozes, para pressioná-las contra a massa.

Corte os biscoitos em círculos ou quadradinhos. Para salgados, recomendo sempre produtos pequenos, de até 3 cm. Coloque os biscoitinhos cortados em uma assadeira forrada com papel-manteiga ou um tapete de silicone e deixe cerca de 1 cm entre eles.

Leve ao forno por aproximadamente 20 minutos, ou até ficarem delicadamente dourados. Deixe que esfriem antes de comer, pois eles não são tão crocantes enquanto ainda estão quentes. Guarde em uma lata ou pote com boa vedação.

Agradecimentos

Escrever este livro me fez lembrar da minha infância, das primeiras vezes que brinquei de cozinhar de verdade e das pessoas que participaram desses momentos sem imaginar onde aquilo poderia chegar. Olho para trás e penso que aquela Lucianinha não sabia o que aconteceria, mas de certa forma já sonhava com esse caminho.

É impossível não sentir uma saudade doída daqueles que nem sabem que participaram deste projeto: meu Nonno Angelo, que nunca provou um doce meu, e minha vovó Magda, minha primeira parceira de cozinha. Ao longo desta trajetória, eles estiveram ao meu lado em pensamento e isso fez eu me sentir tão próxima deles que é como se pudesse abraçá-los.

Se a saudade aperta o coração, a alegria de dividir esta conquista com tanta gente que me ama faz com que ele transborde de alegria.

Em primeiro lugar, meus pais, os mais corujas e incentivadores que já existiram no planeta, que sonham cada sonho ao meu lado e batalham cada luta comigo. Foi assim a vida toda e será assim para sempre. Obrigada.

Minha irmã, Carol, cobaia oficial e companheira de aventuras, que raspou muita tigela de batedeira na nossa infância, que aguentou muita aula de culinária para espectadores imaginários e que me acha a melhor cozinheira do mundo.

O amor da minha vida, meu marido e parceiro maravilhoso Evandro, que começou a namorar uma aspirante a economista e acabou se casando com uma confeiteira, que me apoia, me incentiva, me acolhe e faz de mim uma pessoa melhor.

Meus padrinhos, que são os melhores padrinhos que este mundo já viu, que me encheram de amor e de leves puxões de orelha a minha vida toda e, como tinha que ser, estiveram comigo ao longo do processo deste livro, participando ativamente.

Minha família, tios, tias e primos, meus sogros (tão especiais!) e meus amigos, minha família de coração. Todos vocês torceram e vibraram com cada conquista ao longo da minha vida.

Sou sortuda por ter tantas pessoas a quem agradecer e amar. Obrigada, Deus, por ter me dado tanta gente maravilhosa nesta vida!

Índice

Alfajor marplatense 89
Bacio di dama 56
Biscoitinho com geleia 122
Biscoitinho de gorgonzola 151
Biscoitinho de limão da Nonna Liliana 117
Biscoitinho de tâmara 129
Biscoitinho de uva-passa e vinho branco 126
Biscoito de chocolate com Cointreau e laranja cristalizada 95
Biscoito de coco 111
Biscoito de polvilho 148
Biscoito linzer 43
Biscoitos rachadinhos 106
Brutti de castanha-do-pará 103
Brutti de paçoca 121
Brutti ma buoni 55
Cantucci 44

Chips de polenta 147
Chocolate chips cookie 44
Cookie com confeitos coloridos 125
Cookie de amêndoa, mel e limão-siciliano 99
Cookie de aveia e passas 59
Cookie de caramelo 96
Cookie de goiabada 100
Digestive biscuit 68
Fondue de chocolate com biscoitos 139
Francisquito 86
Gingerbread 118
Graham cracker + s'more 114
Langue de chat (língua de gato) 40
Lua de mel 67
Ma'amoul 85
Macaron 80-83
Merengue vegano 43

Meu biscoito de Natal (chocolate e especiarias) 104
Paste di meliga 51
Polvorón 79
Rugelach 64
Sablé diamant 72
Sanduíche de sorvete 140
Savoiardi (biscoito champanhe) 48
Sequilho de coco 75
Shortbread 47
Suspiro 60
Taralli 144
Tiramisù clássico 132
Tiramisù com frutas vermelhas 135
Torta de biscoito 136
Triple chocolate cookie 92
Tuile de amêndoa 71
Vanillekipferl 76

Copyright © 2017 Luciana Bonometti de Figueiredo Buccini
Copyright desta edição © 2017 Alaúde Editorial Ltda.

Todos os direitos reservados. Nenhuma parte desta edição pode ser utilizada ou reproduzida – em qualquer meio ou forma, seja mecânico ou eletrônico –, nem apropriada ou estocada em sistema de banco de dados sem a expressa autorização da editora.

O texto deste livro foi fixado conforme o acordo ortográfico vigente no Brasil desde 1º de janeiro de 2009.

Coordenação editorial: Bia Nunes de Sousa
Preparação: Camile Mendrot (Ab Aeterno)
Revisão: Claudia Vilas Gomes, Rosi Ribeiro Melo
Capa: Rodrigo Frazão
Foto de capa: Marcio Sallowicz
Projeto gráfico: Amanda Rodrigues Cestaro
Fotos: António Rodrigues (receitas), Marcio Sallowicz (introdução e aberturas)
Produção: Beth Freidenson
Objetos: Stella Ferraz Cerâmica (www.stellaferraz.com.br), Rosa dos Ventos Porcelanas (www.rosadosventosporcelanas.com.br), Casa da Arte (www.casadaarte.com.br), Suxxar (www.suxxar.com.br) e Roupa de Mesa (tel. (11) 3811-9715)

1ª edição, 2017
Impresso no Brasil

Dados Internacionais de Catalogação na Publicação (CIP)
(Câmara Brasileira do Livro, SP, Brasil)
_____

Bonometti, Lu
   Biscoito ou bolacha? : pequenas delícias em 50 receitas e dicas / Lu Bonometti. -- São Paulo: Alaúde Editorial, 2017.
   ISBN 978-85-7881-424-3

1. Biscoitos 2. Biscoitos (Culinária) 3. Culinária
4. Culinária - História 5. Histórias de vida
6. Gastronomia 7. Receitas culinárias I. Título.

17-02125   CDD-641.5
_____

Índices para catálogo sistemático:
1. Receitas : Culinária : Economia doméstica 641.5

2022
A Editora Alaúde faz parte do Grupo Editorial Alta Books
Avenida Paulista, 1337, conjunto 11
01311-200 – São Paulo – SP
www.alaude.com.br
blog.alaude.com.br

Compartilhe a sua opinião sobre este livro usando a hashtag
#BiscoitoOuBolacha
nas nossas redes sociais:

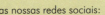